ビジネスマンが知っておきたい
てっぱん手みやげ

P42 絶対に商談を決めたいとき

庄之助《しょうのすけ》
庄之助最中

P34 ごぶさたしている人に会うとき

みなとや
小判煎餅「これでよしなに」

P116 女性を味方につけたいとき

サンドウィッチパーラーまつむら
クリームパン

P102 次回の約束をとりつけたいとき

クロイソス
工芸茶

P82 血糖値を気にする人に会うとき

赤坂相模屋《あかさかさがみや》
豆かん

ビジネスマンが知っておきたい
地方の手みやげ

P202 広島の手みやげを渡すとき

長崎堂
バターケーキ

P124 ホームパーティーに呼ばれたとき

銀座熊本館
晩白柚《ばんぺいゆ》

P158 北海道の手みやげを渡すとき

吉田食品
口取《くちと》り

P128 節目の日を祝うとき

桃林堂《とうりんどう》
小鯛焼

P206 福岡の手みやげを渡すとき

稚加榮《ちかえ》
辛子明太子つぶ出し

100億円を引きよせる手みやげ

越石一彦
Kazuhiko Koshiishi

SOGO HOREI PUBLISHING CO., LTD

はじめに

手みやげは心と心をつなげる接着剤 あなたに代わって想いを伝える最強のツール

あなたは仕事で、自信のある企画や商品を提案したのにもかかわらず、まったく相手に響かなかったり、採用してもらえなかった経験はありませんか。

もしくは、「相手のためを思って行動しているつもりなのに、なぜ伝わらないのだろう？」「なぜ、相手が喜ぶだろうと思ってやっているのに、怒られなきゃいけないんだろう？」といった思いを抱いたことはないでしょうか。

こういった場合、そもそも企画や商品が相手に響かなかったということはもちろんありますが、それよりも相手に伝わらない理由の一つは、**あなたの伝えたいことが**

「相手の心の中にある壁に跳ね返されてしまうから」なのです。

人には「心の壁」というものがあります。疑わしいものへの警戒心と言ってもいいでしょう。初対面、付き合いの短い人、あるいは付き合いが長くても関係が希薄な人などに対して、人は警戒心の壁を作ります。この壁を越えてはじめて、あなたの伝えたい情報や強い思いが、相手の心に伝わるのです。

私は大学卒業後、証券会社に入社しました。営業担当として、主に富裕層のお客様の資産運用の相談に乗り、お客様の資産が少しでもプラスに転じるようなお手伝いをしてきました。ある時期から、億単位の契約をどんどんもらえるようになったのですが、そこに至るまでには私自身もこの「心の壁」に何度も跳ね返される日々が続きました。

せっかく自信を持てる商品があるのに、提案がまったく相手の心に届かない。「どうすれば届くのだろう?」と考えに考えた結果、「商品の提案は相手の『心の壁』を取り去ってからしないと意味がない」と気がついたのです。

それからの私は、お客様の心の壁を取り去るための「気づかい」に力を入れました。

そしてわかったのは、「気づかい」が最も効果的に伝わる方法こそ「手みやげ」だということでした。

手みやげには自分の「想い」を乗せることができます。目には見えない、私の本気の「想い」というものを、目に見える形にして届けることができます。それは単なる「もの」ではなく、いわば自分の代わりにお客様に想いを語ってくれる「アイテム」。

相手の心の壁を低くしてくれる、最良のツールだということに気がついたのです。

30万円のゴルフクラブより900円のプレゼントが心に響いた理由

どの業界でもそうだと思いますが、ライバル会社が多ければ多いほど、お客様の争奪戦は熾烈です。「心の壁」を取り去れず、きちんと信頼関係を築けない場合、お客様はいつの間にかライバル会社に仕事を依頼してしまうでしょう。

私のいた証券業界でも、様々な会社が資産家のお客様を少しでも多く担当させていただこうと、あの手この手で工夫をしていました。

あるとき、私はライバル会社が担当するお客様とたまたまお会いできることになりました。「たまたま」というのは、その方は一部上場企業の社長で、いち営業担当がお会いすることは至難の業だったからです。

大企業の社長というのは秘書もおり、いち営業担当が直接取り次いでもらえることなどほとんどありません。そこで私は毎朝ご本人の自宅に伺い、奥様がそうじをされる時間帯に、あいさつだけするようにしていたのです。

すると2ヶ月くらいたった頃でしょうか、奥様が「私が会えるようにしておくわ」と言ってくださいました。しかも、聞けば、誕生日が近いとのこと。私は、「これはチャンスだ」と確信しました。

待ちに待った約束の日。私は「あるもの」を風呂敷に包んでご自宅を訪問しました。家の中には豪華な彫刻や絵画。見たことのない調度品が数多く置いてあり、裕福な生活をされていることが否が応でもうかがえました。

簡単なあいさつを済ませた後、私は「あるもの」を取り出し、その経営者の前に差し出しました。

「なんだ、それは⁉」

驚かれるのも無理もありません。中に入れていたのは、額縁。しかもその中に、「新聞」を入れていたのです。

「社長がお生まれになった日の新聞のコピーです。社長とお近づきになるには、社長のことをもっと知る必要がある、もっと知りたい！　と思っているうちに、お誕生日が近いとお聞きしました。社長が生まれた日に、日本では、世界では、どんな出来事が起こっていたんだろうと思うようになりました。それで、社長が生まれた日の新聞をコピーして、一緒に見てもらおうと思って持って来たんです」

高価なもの、一般的なものでは、他の証券会社の営業マン、いや証券会社に限らず、取引をしたいと思っているあらゆる会社の営業マンとまったく差がつきません。しかも当時、私の年収は300万円ほど。自由に使えるお金は月3万円。一人のお客様に、何十万円も使ってはいられません。新聞であれば、図書館で探してコピーできますし、額縁も1000円と、そう多くのお金はかかりません。

安くて、でも相手に喜んでもらえるような手みやげは何かを考えた結果、この新聞を渡そうという結論に至ったわけです。

これには相手の社長もビックリでした。

どの会社にも、こんなことをする営業はいませんから、「おまえはおかしなやつだ」と言われて、新聞のコピーを見ながら、「こんなことがあったのか」「当時、こんな広告が出ていたんだな」などと、ひとしきり盛り上がることができたのです。

帰り際に、玄関に立派なゴルフセットが置いてあるのに気がつき、聞いてみると、ライバル会社が誕生日プレゼントに持ってきたものだとわかりました。

はっきりとした金額はわかりませんが、ブランド名を考えると、推定30万円はくだらない品物です。そのお客様が高価な商品をもらうことに興味がないことを確信することができました。

翌日のことです。その社長から電話がかかってきました。

「越石くん、君の会社で口座を開くことにしたから」

その日の午後でしたでしょうか。スリーピースのスーツに身を包んだ社長が会社に来られたとき、周りの空気が一変するのを感じました。取引金額は2億円。たった1枚の新聞のコピーが、高価なゴルフセットに勝利した瞬間でした。

気持ちや想いは「形」にしてはじめて伝わる

ここでお伝えしたいのは、私の自慢話ではありません。営業テクニックでもありません。**「相手が何に喜ぶか」ということを考えて、それを行動に移せば、相手にその気持ちは伝わり、心の壁を取り去ることができるということです。**

2012年から2013年にかけて、「伝え方」に関わる書籍が数多く売れました。もちろん約束を取り付けるときや想いを伝えるときには言葉で伝えることも大切ですが、自分の気持ちや想いは、何より「行動」に表さなければ伝わりません。そしてその行動を形にして表現しやすいものこそ、「手みやげ」なのです。

私はこの「手みやげ」を通じて、数多くのお客様から信頼をいただくことができました。1社目の会社では年1回、最も取引額の多かった人に贈られる社長賞を2度いただくことができました。グループ会社を含め、1万人近い社員の中から選ばれるわけですから、ありがたいことです。また2社目でも、営業成績ナンバーワンになることができました。しかし、それはけっして私の証券の知識が素晴らしかったからでも、トークが素晴らしかったからでもありません。相手のことを考え、「手みやげ」という行動に移してきたからこそできたことだと思います。

本書には、私が経験してきた数々の失敗の中から、お客様と良好な関係を築くことができたときにお持ちした「手みやげ」を厳選して紹介しています。

先ほどの事例は食べ物ではありませんでしたが、この本で紹介する手みやげの多くは食べ物です。食べ物なら比較的安く手に入りますし、気軽に買えるものもたくさんあります。また、収入が高いからといって高いものしか食べないというわけではありません。美味しいものを買ってきてくれた相手には、誰でも感謝の気持ちを持つものです。また、置き場所に困ることもありませんし、食べてしまえばあっという間になくなるので、かさばることもありません。

この本に書いてある「手みやげ」を通じて、あなたの想いが相手に伝わることを、心から応援しています。

越石一彦

もくじ

第1章　仕事で使える手みやげ

第2章　健康を気づかう人に渡す手みやげ

第4章　特別な日の手みやげ

第5章　地方の手みやげ

本書に掲載している情報は、2014年1月末現在のものです。
お店の営業時間や定休日、商品の価格等は変更する
可能性がありますので、ご注意ください。

装丁　萩原弦一郎、橋本雪（デジカル）
本文デザイン　土屋和泉
DTP　横内俊彦
本文写真　福岡拓、掲載店舗のみなさま
装丁写真　(c)hi-bi/a.collectionRF/amanaimages
編集協力　木村俊太

第1章

仕事で使える手みやげ

TEMIYAGE

01

忙しい人に、どうしても会いたいとき1

ランチタイムこそチャンス！
同じものを一緒に食べると、
距離が一気に縮まる！

私のおススメ

神田志乃多寿司《かんだしのだ》

五色詰合せ

東京・神田《かんだ》淡路町《あわじちょう》にある志乃多《しのだ》寿司の「五色詰合せ」は、いなり寿司、太巻き、かっぱ巻き、御新香《おしんこ》巻き（たくあん）、のり巻き（かんぴょう）の詰合せです。

以前、ある社長と商談をしたいと何度もアポイントの連絡を入れていたのですが、非常にお忙しい方で「本当にまったく時間が取れないんだ」と言われ続けていました。確かに、商談したいのはこちらの都合です。そのために時間をいただくのは、至難の業です。

しかし、「腹が減っては戦《いくさ》（ビジネス）は出来ぬ」というのは、きっと相手も同じです。あるとき、「社長、忙しいと言っても、お昼御飯くらいは食べますよね」と聞くと、「そりゃ、食べるよ。でも、外に食べに行く時間もないから、社内でパンでもかじるくらいだよ」との答えでした。

そこで私は、「だったら、私がお弁当持っていきますから、食べながら話を聞いていただけますか」と言いました。社長は「ん？　ああ、まあ、話聞くぐらいなら。でも、本当に昼飯のときだけしか、時間がないから」とおっしゃいました。

そこで私は、この志乃多寿司の「五色詰合せ」を持って、その社長を訪ねていき、一緒に食べることになりました。

この「五色詰合せ」はけっこうな量が入っている上に、様々な種類が入っているため、相手に選ぶ楽しさを感じていただけます。さらに、箸が2膳ついていますので、1個の折詰を2人でつつきながら食べられ、関係を深めるきっかけにもなります。非常に憎い演出です。

ご飯を一緒に食べるというだけでもお互いを深く知るきっかけになりますが、この「1個を2人で一緒に食べる」というのは、それ以上に親密な関係になれる（お互い、なったような気になれる）のです。

いなり寿司や巻き寿司は、片手でつまみながら紙の資料を見ることができますから、社長のようなお忙しい方にとっても、説明するこちらとしても、非常にやりやすかった記憶があります。


他にも、ある社長で、一緒にお寿司を食べに行くと必ず最後にかんぴょう巻きを頼むという方がいました。

この社長にある日、志乃多寿司のかんぴょう巻きを手みやげとして持っていったところ、「どうして俺の大好物がここのかんぴょう巻きだって知ってるんだ!?」と、大変喜ばれたことがあります。

寿司屋で最後に必ず頼むということは、かんぴょう巻きが好物なのに違いありません。かんぴょう巻きが好物なら、志乃多寿司のかんぴょう巻きが喜ばれないはずがないと思って、手みやげにしたのですが、それがズバリと当たったわけです。

もちろん、この手みやげがあれば「即、商談成立」というわけではありません。あくまでも、心の距離感を縮めて、人間関係をよくすることが目的です。とはいえ、ビジネスをしやすくなる下地ができますから、そこから先、あなたのやり方次第で、いかようにも関係性をさらに深めることが可能です。

後日談を言えば、どちらの社長とも、その後、億単位の取引をしていただくことができました。すぐに結果が出なくても、「1個の折詰を一緒に食べること」によって、心の距離は確実に縮まっていたのだと思います。

神田志乃多寿司

住所	〒101-0063 東京都千代田区神田淡路町2-2
電話番号	03-3255-2525（FAX：03-3255-2545）
営業時間	朝7時30分～18時（定休日：火曜日）
最寄駅	東京メトロ丸ノ内線「淡路町駅」徒歩3分／都営新宿線「小川町駅」徒歩5分／東京メトロ千代田線「新御茶ノ水駅」徒歩5分
URL	http://www.kanda-shinodasushi.co.jp/

TEMIYAGE

02

忙しい人に、どうしても会いたいとき2

出張の多い人にこそ届けたい「手づくり」だからこそ伝わる「温かさ」がある

私のおススメ

宇田川《うだがわ》 カツサンド

「カツサンド」と言えば、「まい泉」のカツサンドを思い浮かべる方も多いかもしれませんが、大切な方にお渡ししたいのであれば、「宇田川」もお勧めです。

経営者や重役の方など、お忙しい方はお弁当でお昼を済ませることも多いもの。移動中に食事をされるという方も少なくありません。

そこで喜ばれるのが、片手で食べられる、ほんのり「温かい」食べ物です。ご移動中、特に新幹線や特急で食事されるお客様にお会いする際、私はよく日本橋にある宇田川のカツサンドを持参するようにしています。

以前、研修を担当させていただいた機械メーカーの営業担当Bさんから、こんな相談を受けました。

Bさんはある取引先の受注金額を上げるべく、重役の方を何度も接待し、何か突破口を見出そうとしていたそうです。しかしながら、思うように注文が増えることはなく、今一つ関係性に進展がありませんでした。Bさんに、その取引先の重役の1週間の予定を聞いてみたところ、その方は、東京と大阪を行ったり来たりしておられ、昼ご飯はたいてい車中で買って召し上がっているということでした。

そこで私はBさんに、宇田川のかつサンドを勧めました。そのかつサンドであれば、車中で買うものと違って「できたて」のことが多いですし、車中でお求めのお弁当とはまた違う美味しさを味わっていただくことができます。Bさんは、事前にその重役が何号車に乗るという情報を仕入れ、新幹線のホームまで行きました。また、ホームではあまり話せないことがわかっていたため、かつサンドを包んでいる袋に手紙を添えたそうです。

「ご移動中もお忙しいかと思いますが、このかつサンドで少しでも楽しんでもらえたらうれしいです」

これを見た重役の方は大変喜ばれたそうで、その後、大きな商談につながったとのことでした。

こういう話をすると、中には「手みやげという『気づかい』というよりは、『計算』とか『したたかさ』ではないのか」と思う人もいるかもしれません。もちろん、仕事ですから、「計算」がゼロだとは言いません。しかし、差し入れの後にすぐ商談をしようとするなど、「計算」とか「したたかさ」が大半を占めるような、いわゆる戦略的な気づかいだと、早晩、相手にもそれが伝わってしまいます。

Bさんがしたためた手紙にあるように、「毎回駅弁だと飽きるだろうな」というお客様の気持ちを察して手みやげを買いに走り、さらにその人のためを想って手紙を書くということは、思った以上に相手の心に伝わるものです。また、手紙を書くという行為は、メールに比べ、相手のことを想う気持ちを表現できるものです。レターセット、もしくはポストカードで相手の好きそうな絵柄を選ぶという行為も気持ちを表現する行為の一つですし、切手や書き方など、想いを伝える表現も様々で、メールと違ってビジュアルからも想いを伝えられるメリットがあります。

なお、宇田川は東京の日本橋に店舗があります（テイクアウトは要事前予約）。日本橋高島屋でも金曜日のみ取り扱いがあるそうです。名古屋の高島屋でもお買い求めになれますので、お勧めです。

宇田川

住所 〒103-0023
東京都中央区日本橋本町 1-4-15

電話番号 03-3241-4574

営業時間 ランチ月～土 11 時～ 14 時
ディナー月～金 17 時～ 20 時 30 分
（定休日：日曜・祝祭日）

最寄駅 東京メトロ銀座線「三越前駅」 A 1 出口より徒歩 3 分

TEMIYAGE

03

はじめてのお客様のところへ伺うとき

素朴で飾り気のない「丸い形」は
相手の警戒心を解き、
安心させる力がある

私のおススメ

元祖 塩大福 みずの

元祖 塩大福

「みずの」は、〝おばあちゃんの原宿〟とも呼ばれる、東京・巣鴨のとげぬき地蔵通りにあります。ここの「元祖 塩大福」は、甘さをおさえた実にすっきりとした味わい。素材にこだわった、とても素朴な味が特徴で、塩味がついていることから、なんとお酒と一緒に召し上がるお客様もいらっしゃるほどです。

私は、はじめてのお客様にはよく、この塩大福を手みやげに持っていくようにしています。お会いする方に、「これから、大きな福を持ってくる人間になりたいと思って、この大福をお持ちしました」などと言って渡せるからです。

こんな話をして大福を差し上げると、はじめての方でも、和やかに話をすることができます。

はじめてのお客様というのは、たいていこちらに対して少なからず警戒心をお持ちでしょうし、いったいどんな奴が来るのかと、不安に思われている方も少なくありません。

大福はそもそも、「大きな福運」を意味する食べ物です。その丸い形からも、「円満で仲良く」といったイメージを彷彿《ほうふつ》とさせます。ですから、相手の警戒心や不安をやわらげる効果があるのです。

まして、この「みずの」の塩大福は、巣鴨の一等地で長年、地元の方々に愛されている食べ物。素朴で飾り気のない見た目と味が、やさしい印象を与えます。

単店舗で、かつ地元で長年愛されているお店の食べ物には、それだけ愛される理由とパワーがあるのです。

元祖 塩大福 みずの

住所	〒170-0002 東京都豊島区巣鴨 3-33-3
電話番号	03-3910-4652
営業時間	平日 10 時～ 18 時 (定休日：不定休)
最寄駅	JR 山手線／都営三田線「巣鴨駅」A 3 出口より徒歩 3 分
URL	http://www.shiodaifuku.co.jp/

TEMIYAGE

04

久しぶりの人に会うとき

エンターテインメント性の高い手みやげほど相手の警戒心を解き、会話が弾むきっかけになる

私のおススメ

みなとや 小判《こばん》煎餅《せんべい》「これでよしなに」

すっかりご無沙汰になってしまった人に会うとき、お勧めなのが、この「みなとや」の小判煎餅「これでよしなに」です。

お店は、東京の深川《ふかがわ》（門前仲町《もんぜんなかちょう》）にある煎餅屋さんです。「これでよしなに」は、名前は「煎餅」ですが、小麦粉と卵で作られていて、「ビスケット」に近いものです。

時代劇の定番とも言える、商人の越後屋が「どうぞ、これでよしなに」などと言いながら、お代官様に小判入りの菓子折り（賄賂）を渡すというシーンのパロディです。小判煎餅は5枚に1枚の割合で表面に金粉がまぶしてあり、中には小判も入っているという念の入れようです（もちろんおもちゃですが）。

取引をお願いしたい相手に私はよく、「どうぞ、これでよしなに」などと言いながら渡していました。渡された方はつい、笑っておられたものです。

または、しばらく訪問できずにご無沙汰してしまったお客様のところに行くときに、よく持って行きました。そして、「すっかりご無沙汰して申し訳ありません。どうぞ、これでよしなに」などと言って差し出します。何か謝罪しなければならないとき（笑って許してもらえるくらいのものに限りますが）などにも便利で、その場がなごむ一品です。なお「これでよしなに」は、ネットからも購入できるほか、新歌舞伎座地下2階の「地下広場売店」や、浅草にある百貨店「松屋浅草」7階「浅草ＥＫＩＭＩＳＥ」内の「忍屋」などでも購入できます。

みなとや

住所	〒135-0048 東京都江東区門前仲町2-4-9
電話番号	0120-80-3708（FAX：03-3641-1752）
営業時間	10時～18時（年中無休）
最寄駅	東京メトロ東西線「門前仲町駅」出口1より徒歩1分／都営大江戸線「門前仲町駅」出口5より徒歩1分
URL	http://www.minatoya.biz/

TEMIYAGE

05

自分のことを記憶に留めてもらいたいとき

一店舗しかないお店は
それだけで希少価値がある！
素朴でやさしい味わいが
あなた以上に大きな印象を残す

私のおススメ

バナナケーキ

木村屋 田村町本店

「木村屋田村町本店のバナナケーキ」は、柔らかくてしっとりとした味わいが絶品。色白のクレープ生地に、食べ頃に熟すのを待って使われているという絶妙な甘みのバナナが包まれており、どこか懐かしい味がします。

もともと「あんぱん」で知られる銀座「木村屋總本店」から暖簾分けしてできたお店。創業は1900年と、既に100年以上の歴史があります。中でもこのバナナケーキは長年愛されているロングセラー商品で、売り切れの日もあるほど。片手でも食べられる気軽さは、万人受けする手みやげと言えるでしょう。

これは私が営業の研修を担当させていただいた、証券会社の営業担当Sさんの話です。

研修後、Sさんから「絶対に決めたいお客様がいらっしゃる」ということで、相談を受けました。聞くとそのお客様は、地元でも有数の資産家の方。ライバル会社もおり、Sさんと仕事をする可能性はこのままでは低いことがうかがえました。

Sさんにその資産家の方の好みを聞いたところ、「甘いものはお好きだけれども、甘すぎるものはNGで、何を差し上げたら喜んでくださるのか、迷っているんです」とのこと。

その方は地方にお住まいの方でしたので、私は東京の手みやげをお持ちしてみてはどうかと提案しました。田村町木村屋のバナナケーキであれば甘すぎませんし、私もこれまで数多くの方々に喜ばれた経験があります。また、東京に1店舗しかないお店のお菓子を届けるということは、相手に対する本気の気持ちを伝えるきっかけにもなると考えたのです。

後日Sさんから連絡が入りました。反応を聞いたところ、先方はバナナケーキの素朴な味わいを大変気に入ったようでした。そして「これはどうやって探したの？」というところから会話が弾むきっかけになり、現在は数千万円のご入金をいただき、今でも取引をいただいているとのことです。**他では買えない手みやげをお持ちすることは、相手に向けた特別なメッセージとなるのです。**

木村屋 田村町本店

住所	〒105-0004 東京都港区新橋 1-18-19 キムラヤビル 1F
電話番号	03-3591-1701（FAX：03-3506-8044）
営業時間	平日 8 時 30 分～ 20 時 （定休日：土・日・祝祭日）
最寄駅	都営三田線「内幸町駅」A 2 出口よりすぐ／ 東京メトロ銀座線「新橋駅」より 3 分
URL	http://www.kimuraya1900.co.jp/

TEMIYAGE

06

絶対に商談を決めたいとき

商談で、相手に決断してほしいときほど口で言うより「手みやげ」が効く

私のおススメ

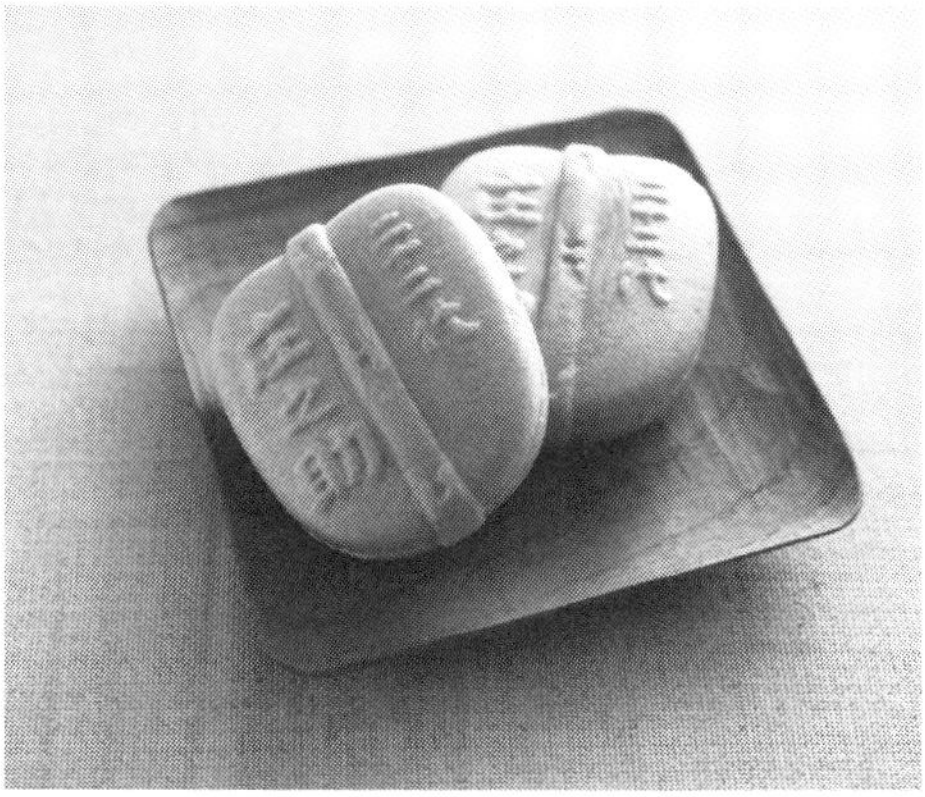

庄《しょう》之《の》助《すけ》
庄之助最中

東京・神田須田町《かんだすだちょう》が本店の「庄之助」の名前の由来は、大相撲立行司《おおずもうたてぎょうじ》二十二代木村庄之《きむらしょうの》助《すけ》さんが、昭和34年に行司を引退した後、息子さんが開いていた和菓子屋の屋号を「庄之助」に変えたところに起因しています。

ここの名物である「庄之助最中」は軍配をかたどっていて、発売してから、実に50年以上にわたって多くの人に愛されています。

私はよく、商談の返事をいただきたいときにこの「庄之助最中」を手みやげとして持って行きました。「今日の商談では私に軍配を上げてほしい」という意味です。

私が社内で営業成績を争っていることを知っているお客さまに、「今月は厳しい勝負になっています。ぜひ、社長のお力で私に軍配を上げてください」などと言ってお渡ししたところ、笑いながら、「おまえには敵わないなあ」と言って、商品を買っていただいたことがありました。

無理なお願いも多少できるなど、ある程度関係ができているお客様に対して、勝負どころで軍配を上げてほしいときにお勧めです。

庄之助

住所	〒101-0045 東京都千代田区神田須田町 1-8-5
電話番号	03-3251-5073、03-3251-5074
営業時間	9時～ 19時 30分（定休日：日曜）
最寄駅	東京メトロ丸の内線「淡路町」／都営新宿線「小川町駅」 A 1出口より 1分／東京メトロ銀座線「神田駅」須田町交差点出口より 2分
URL	http://www.syounosuke.net/

TEMIYAGE

07

お客様を怒らせてしまったとき

何よりもまず誠心誠意謝るのが鉄則
その後に切腹覚悟で差し出し
関係修復を図る

私のおススメ

御菓子司 新正堂《しんしょうどう》

切腹最中《もなか》・景気上昇最中

仕事をしていれば、トラブルはつきもの。部下がお客様を怒らせてしまってその収拾に向かわなければならない上司の方もいらっしゃることでしょう。

そんなときにお勧めなのが、新正堂《しんしょうどう》の「切《せっ》腹《ぷく》最中《もなか》」です。

新正堂は、東京の新橋にある、1912年（大正元年）創業の老舗和菓子屋さんです。この代表的な商品が、「切腹最中」と「景気上昇最中」です。

「切腹最中」の名称は、この新正堂が、赤穂浪士の討ち入りで有名な浅野《あさの》内匠頭《たくみのかみ》長矩《ながのり》が切腹した田村《たむら》右《う》京《きょう》大《だ》夫《ゆう》建顕《たつあき》の屋敷跡にあることに由来しています。

お菓子は、写真の通り、あんこが最中の皮から大幅にはみ出しています。最中が人間だとすると、まるでお腹の中身が出てきてしまったかのようです。

私は、この「切腹最中」を、先ほど紹介した「これでよしなに」と同様、謝罪しなければならない場面でよく使いました。

私の経験した証券会社の営業とは、主に富裕層のお客様の資産に応じて株式や投資信託などの商品を提案し、その後の運用にも関わる仕事です。株式相場は上下するのが当たり前なのですが、そうは言っても、推奨した株の価格が大幅に下がったりすると、急に不安になられたり、お怒りになるお客様も少なくありません。

こちらが良かれと思っても、先方にとって本意でなかった場合には、お詫びしなければなりません。

そこでまずは、誠心誠意、謝罪します。そして、頃合いを見計らって、この「切腹最中」を手みやげに持参し、さらに謝罪するのです。

そのとき「今は切腹覚悟の気持ちです。その前に、腹を割ってお話しさせていただきたかったです」などと言って、差し出します。

心からお詫びし、今後も付き合いを続けていきたいという気持ちと「謝罪」という、固くなりがちな場をうまく演出する小道具として利用するのです。

タイミングを見計らわないと「ふざけているのか」とさらに怒られかねませんが、たいていは「そこまで考えてきたのか」と許してもらえました。

一方の「景気上昇最中」は、小判の形をした最中です。黒糖を使ったあんこには、商売を「黒字」にするという意味が込められているそうです。

「景気上昇最中」はビジネスをされている方々にはたいへん喜ばれます。「もなか」を漢字で書くと「さいちゅう」とも読めますので、「景気上昇さいちゅう」となり、これまた縁起がいいと喜ばれます。

実はこの、「切腹最中」と「景気上昇最中」を一緒に持って行き、謝罪せざるを得ない場面に一度だけ直面したことがあります。

私の部下が、ある経営者の方と、数千万円単位の契約を結んできたときのことです。彼にとっては、初めてとも言える大口の契約で、本人も非常に喜んでいましたし、私も「よくやったな」とみんなの前で最大級に褒め称えました。

ところが、入金の締切日になってもその方から入金がありません。入金がないと、証券会社は大変なことになります。取引は成立しているので、お客様は料金を払わなければならないのですが、もし支払いがない場合、それを証券会社が肩代わりしなければならないのです。

私が勤めていた山一證券は、当時売上4000億円にも迫る大きな会社でした。数字だけ見れば簡単に肩代わりできると思われる方もいらっしゃるかもしれませんが、いち営業が担当する顧客の数千万円をその都度肩代わりしていては、会社というのはとても回りません。部下はあわてて、その経営者の店に飛んで行きました。

そして、戻ってきたと思ったら、真っ赤な顔をして、怒りに打ち震えています。

「あの社長、今日は入金しないって言うんです。気が変わったと」

これは明らかなルール違反です。申込用紙をいただいて契約は成立していますから、一度「買う」と言ったものを覆すのは、証券会社に損失を与える違法行為です。今度は上司である私がそのことを説明しに行かなければならないなと思っていた矢先、部下からとんでもないセリフが飛び出しました。

「あまりに悔しいんで、店の前で〝う◯こ〟をしてきてやりましたよ」

私は愕然としました。

気持ちはわからないでもありません。初めて取った大口契約で喜ぶ姿も見ていますし、彼の苦労もずっと見ていますから、その落胆ぶりと怒りの気持ちは理解します。

しかし、当然ですが、社会人としてやってはいけないことがあります。ただ、大口契約から一気に奈落の底に落とされ、お店の前で用を足すなどという禁じ手をしてしまうほど感情的になっている彼に、怒鳴ったり、叱ったりしたところで意味をなしません。その日は、一緒にお店まで片付けに行き、翌日、私が謝罪と契約のことで説明に行くことになりました。

翌日私は、部下の失態に対し、土下座をしてとにかく謝るだけ謝りました。

それでも先方の怒りは収まらなかったため、さらに翌日、今度は「切腹最中」と「景気上昇最中」を持って、その店に行きました。この日もその社長は当然、怒っておられましたが、彼の方にも落ち度があるとわかっていたのか、多少、落ち着いたのか、まったく話を聞いてくれないという状態ではありませんでした。

相手が、非礼をした部下本人ではなく、上司の私一人だったからかもしれません。

私はまず「切腹最中」を差し出して、「申し訳ございません。まさに、切腹してお詫びしたい気持ちです」と謝罪しました。さらに、「景気上昇最中」を差し出し、「御社の景気上昇を願って、これをお持ちしました」と言いました。

社長は、ちょっと苦笑いしながら「こちらも悪かった」と言ってくださり、なんとか許していただくことができました。

結局その月の入金はありませんでしたが、一ヶ月後、前回の2倍以上の入金がありました。まさに「雨降って地固まる」という感じになったのです。

御菓子司 新正堂

住所	〒105-0004 東京都港区新橋 4-27-2
電話番号	03-3431-2512（FAX：03-3431-2548）
営業時間	月～金：9時～20時、土：9時～17時 （休業日：日曜・祭日※8月中は土・日・祝祭日）
最寄駅	JR各線「新橋駅」日比谷口前より徒歩10分／都営浅草線、東京メトロ銀座線「新橋駅」A1出口より徒歩5分
URL	http://www.shinshodoh.co.jp/

TEMIYAGE

08

忙しくて手みやげを買う時間がないとき

〝ブランド〟にこだわらなくてもＯＫ
「思い出の味」を思い出してもらうと
あなたの評価は一気に高くなる

私のおススメ

甘味処いっぷく亭
おはぎ

東京・西巣鴨《にしすがも》にある「いっぷく亭」のおはぎは、以前私が住んでいた巣鴨商店街の中にあるお店です。チェーン店ではなく1店舗しかないお店ですが、東京でも有数の味わいです。

ある社長との商談中、ちょっとした雑談の中で「昔、おばあちゃんが作ってくれた大きいおはぎの味が忘れられないんだよね」とおっしゃったので、おはぎで有名な店を何軒も探し回りました。

しかし、どれも今いちピンときません。「おばあちゃんの味」というのはいわゆる素朴で温かく、口の中全体に味わいが広がっていくような味です。何軒も探し回りましたが、やはり昔から長く巣鴨で店を構えるこの「いっぷく亭」に勝るものはないと思い、「この店のおはぎが近いのでは」と思い、手みやげにお持ちしました。すると「本当にうまい。祖母の味みたいだ。よく探してきたなあ」と喜んでいただきました。

しかし、相手の心をつかんだのは、味もさることながら、次の2つのポイントがあったからだと思います。

1つは、相手の言ったちょっとしたことを聞き逃さなかったこと。

2つ目は、わざわざ足で探し回って見つけたことです。

周囲で評判のものをただ買って行くのではなく、「自分のためだけに動いてくれたんだ」と相手に感じてもらえるものを買って行くことは、大きな信頼につながるのだと実感した出来事です。

その後、そのお客様とは大きな取引をしていただき、大手顧客として長くお付き合いさせていただくことになりました。

甘味処いっぷく亭

住所	〒170-0001 東京都豊島区西巣鴨2-32-10
電話番号	03-3949-4574
営業時間	10時～18時30分（年中無休）
最寄駅	都電荒川線「庚申塚駅」より徒歩1分

TEMIYAGE

09

何をあげたらいいかわからないとき

年配の方には「懐かしい味」がしそうなものが喜ばれる

私のおススメ

柏屋菓子店
すあま

「すあま」とは、上新粉《じょうしんこ》をお湯でこねて蒸したものに、砂糖を加えてついて、お餅のような弾力を出したお菓子です。甘みがありますが、けっして甘すぎず、その素朴な味わいは多くの人に好まれています。

特にこの柏屋菓子店のすあまは添加物を一切使用していません。原材料は、新粉と砂糖と少しの塩のみという潔さ。お店は東京・銀座の歌舞伎座の裏にあるのですが、歌舞伎座に行く人で、わざわざこの柏屋菓子店に寄ってから行く人もいるというから驚きです。

若い人にはあまりなじみがないようですが、

年輩の方に手みやげとしてお持ちすると、ほとんどの人が「なつかしい味だ」と喜んでくれます。私がよく利用する「柏屋菓子店」は銀座の歌舞伎座《かぶきざ》の裏にあり、昔ながらの小さな店構えが特徴です。そのギャップも味わい深いものがあります。

すあまは、関東地方以外ではあまり一般的ではないようなので、地方の方へのおみやげにもいいかもしれません。硬くなりにくいですし、包装紙に「銀座四丁目」「歌舞伎座裏」と書いてあるので、いかにも東京のおみやげという感じが出るのではないでしょうか。

手みやげそのものは珍しくなくても、それを売っている場所や包装紙に表れる個性も、手みやげとして喜ばれる要素になり得ます。

また、「お店の人はこんな人で……」といった、あなたが知る情報を会話にはさむことで、会話が弾むきっかけになることも少なくありません。

手みやげとして渡す「モノ」だけに集中することも大事ですが、困ったときには、このように「モノ」以外の部分に注目すると、意外と発見があるかもしれません。
お店の場所とシンプルさとのギャップを語りながら、味の素朴さを味わってもらえれば、きっと話も弾むに違いありません。

柏屋菓子店

住所	〒104-0061 東京都中央区銀座 4-11-5
電話番号	03-3541-8053
営業時間	8時30分～20時（定休日：土・日・祝祭日）
最寄駅	都営浅草線「東銀座駅」3番出口より徒歩3分（歌舞伎座裏）

TEMIYAGE

10

食通の方に手みやげを渡すとき

舌の肥えた方にこそ
素材にこだわったものを
キーワードは「手づくり」「無添加」

私のおススメ

土佐屋《とさや》
いもようかん

「土佐屋」は、東京・西巣鴨に店を構える隠れた名店です。別の章でも書きますが、私はよく大切なお客様をある料理店にお連れします。その舌の肥えた大将をして、「なんだこりゃ！びっくりだ」と言わしめた逸品です。

「いもようかん」と言えば、浅草にある「舟《ふな》和《わ》」が有名ですが、土佐屋のいもようかんは、舟和のものとはまた違う素朴な味わいがあります。素材本来のおいしさを味わうことができるだけでなく、甘さ、カロリーともに控えめなので、安心して食べられるのです。この土佐屋のいもようかんを手みやげとして持っていくようになったのは、日頃、お世話になっているお店の方に、あえて超有名店ではなく、隠れた名店の品を手みやげにお持ちすることで、より印象を強くしてもらうことができるのではないかと考えたことがきっかけでした。

冒頭で紹介した料理店の大将に、ある日、このいもようかんを持って行きました。大将の好みを女将から聞き、このいもようかんなら喜んでいただけるのでは、と感じたからです。

以前、お店に行ってお手洗いに行く途中、何気なく大将の好みを尋ねたところ、「あの人、気難しく見えて実は甘党でね。家に帰ったらショートケーキなんて食べてるのよ」と女将が言うのです。

とはいえ、甘すぎるものを渡しては、大将の身体にもよくないですし、料理人ですから素材本来の味が楽しめるお菓子がよいのではないかと考えました。それで土佐屋のいもようかんを渡すことにしたのです。

大将は「今まで食べたいもようかんとは、まったく別物だ。本当の素材の味がする」と驚いていました。この手みやげは、ストーリーというより、シンプルに味で勝負できる代物です。

なお、最近、東京駅の大丸百貨店に出店したと聞き、いもようかんを買って食べてみましたが、私には西巣鴨にある本店の味の方が好みでした。同じ材料、同じ製法で作っていると思うのですが、水分の飛ばし方なのか、味が微妙に違うのが不思議です。

土佐屋

住所	〒170-0001 東京都豊島区西巣鴨 4-31-8
電話番号	03-3917-7228
営業時間	9時〜17時30分（定休日：日曜日）
最寄駅	都電荒川線「西ヶ原四丁目電停」下車1分／ 都営三田線「西巣鴨駅」徒歩8分

TEMIYAGE

11

変わらぬ気持ちを伝えたいとき

時代が変わっても
取引業者は一切変えない
「芯の強さ」が相手の心を動かす

私のおススメ

おつな寿司
いなり寿司

移動中の食事として先ほど「宇田川のカツサンド」を紹介しましたが、「おつな寿司のいなり寿司」も、移動中の食事としては一押しの手みやげです。

いなり寿司の中に柚子が入っており、ほのかな香りが疲れた身体を優しく包んでくれるため、常に気を張っているような、中小企業の社長によくお渡しししています。

もともとこのいなり寿司は江戸末期、創始者である「おつなさん」によって考案されたと言います。通常目にするいなり寿司と違って、おつな寿司のいなり寿司は、油揚げを裏返しにして使われています。油で滑ることなく早くご飯が詰められるように、という工夫だそうですが、その特徴は、明治、大正、昭和、平成と時代が移り変わってゆく中で変わることなく生き続けています。

またいなり寿司に使用する「つゆ」も「継ぎ足し方式」を採用しており、使った分だけ調味料を加えていくそうです。時を経た今も昔ながらの味が味わえるのは、こういった工夫があるからかもしれません。

さらに、おつな寿司のことで強くお伝えしたいのは、お店に信念があることです。商売をしていれば、売上が上がったり下がったりすることがあります。残念ながら売上が落ち続けてしまうなどのアクシデントに見舞われたら、やむなく仕入の業者を替えることも検討しなくてはなりません。けれどもこのおつな寿司は、付き合いがある業者と縁を切ることは一切しないそうです。経営が苦しいからと言ってお世話になった業者の方との取引をやめることは、申し訳ないこと。値段を安くして、安かろう悪かろうになってしまっては本末転倒ですし、それまでいなり寿司に欠かせない商品を届けてくれた方を裏切ってしまうことになってしまいます。それで、どんなことがあっても付き合う業者は替えないという信念を貫いているのだということです。

時代が移り変わり、今日起こったことが明日忘れてしまわれるようなこの世の中で、このように「変わらぬ味」を守り続けているお店があることを相手に伝えることは、相手に対する変わらぬ気持ちを伝えたいときなどに、大変意味があります。

おつな寿司

住所 〒113-0021
東京都文京区本駒込2-10-8

電話番号 03-3941-6846

営業時間 9時～15時（定休日：水曜・木曜）

最寄駅 都営三田線「千石駅」A1出口より徒歩1分／JR山手線「巣鴨駅」徒歩12分

く話をさせてほしい」などと自分の都合ばかり考えていると、このような一言は聞き逃してしまうことでしょう。何気ない一言ではありますが、それを聞くか、聞かないかで、あなたの取るべき行動と結果は大きく変わってきます。

他にも、お客様が独り言のように「ええと、あれってどうだったかなあ」などと言ったときはチャンスです。調べて伝えることで役に立つことができますし、そのスピードが早ければ早いほど、いい印象を与えることもできます。

中には、「え、聞いていたの？」と驚かれるお客様もいらっしゃいますが、たいていの方は喜んでくださいます。自分が何気なくつぶやいた一言を覚えていてくれて、わざわざ調べてくれた人に、悪い感情を抱く人はいないのではないでしょうか。

相手は何を求めているのか、どんなことで困っているのか。相手の言葉の中からそれを探り出して解決してさしあげる。そんな気づかいができると、手みやげを渡す・渡さないにかかわらず、相手はあなたに絶大な信頼を置いてくれるようになるでしょう。**気づかいの９割は、相手の話を９割聞くことから生まれるのです。**

COLUMN 1

気づかいの９割は相手の話を聞くこと

ここまで数々の手みやげを紹介してきましたが、最適な手みやげを選ぶためには、いくつかポイントがあります。

中でも重要なのが、**「相手の話を聞く」**ということです。当たり前のことではありますが、あえて言うのは、仕事となると意外とできていない人が多いからです。

相手の話の中には、その人の好みや、困りごとなど、何かしらのヒントが隠れています。それらを聞き漏らさないためにも、まずは質問をして、「聞く」ことに集中することが大切なのです。

たとえば、26ページで紹介したＡさんが宇田川の「カツサンド」を持って行こうと思ったきっかけは、お客様の「駅弁は冷たくておいしくない」という一言でした。その一言をキャッチしたからこそＡさんは、「それなら、温かくて、おいしいものを持って行ってさしあげよう」と考えて、行動に移すことができたわけです。

「聞くこと」に集中せず、「とにかく商談を進めたい」「早

第2章

健康を気づかう人に渡す手みやげ

TEMIYAGE

01

飲みすぎを気にする人に渡すとき

「どうかご自愛ください」と言うよりも、
手みやげ一つで健康を気づかう姿勢は伝わる

私のおススメ

天安《てんやす》本店
佃煮《つくだに》

ここからは、お渡しする相手の健康を気遣った手みやげの例を紹介しましょう。

天安《てんやす》本店は、佃煮の本場、東京・佃島《つくだじま》にある佃煮屋さんで、創業は天保8年（1837年）。老舗中の老舗です。

あるとき、日本酒が大好きなオーナー社長がいらっしゃいました。何か酒の肴《さかな》になるものを、と思ったのですが、富裕層の方々は、おいしいものはあらかた食べ尽くしているものです。

気軽に召し上がれるシンプルなものがいいだろうと思って選んだのが、この佃煮でした。

あさり、たらこなど、数ある種類の中から私が持って行ったのは、「葉唐辛子《はとうがらし》」です。日本酒好きの人には、ピリッと辛い葉唐辛子が合いそうだと思ったのです。

「葉唐辛子は日本酒のアテとして最高ですので、ぜひ召し上がってください」。

このように申し上げたところ、その社長から、「お前は、本当に酒飲みの気持ちがわかるやつだな」と言っていただきました。

実はこのとき、もう一つ、社長にお渡しした「葉唐辛子」とは別に、社長の奥様に「お茶漬け昆布」という佃煮を差し上げました。奥様は、ふだんからよくお酒を召し上がっている社長の飲み過ぎを心配しておられるに違いないと思ったからです。

実際、その通りでした。

その後、奥様の援護射撃もいただき、取引を拡大していただけることになりました。

社長に酒の肴だけを差し上げていたら、取引が拡大することはなかったと思います。

営業でも普段の人間関係でも、**「ここまでやってくれるのか」と思われてはじめて、**

信頼していただけるもの。ご本人だけでなく、ご家族がどんなふうに思うか、というところまで気遣うクセをつけておくと、得られる結果も変わってきます。

なお、購入される際は、詰め合わせセットではなく、量り売りで買うことをお勧めします。その方が、その人のために選んだとわかり、渡した相手も喜ぶと思うのです。

天安本店

住所　〒 104-0051
東京都中央区佃 1-3-14

電話番号　03-3531-3457、03-3532-3457（FAX：03-3531-2351）

営業時間　9 時～ 18 時※ 1 月 2 日～ 7 日の間は 10 時～ 16 時（定休日：12 月 31 日～ 1 月 1 日他）

最寄駅　東京メトロ有楽町線・大江戸線「月島駅」 6 番出口より徒歩 5 分

URL　http://www.tenyasu.jp/

TEMIYAGE

02

目の疲れを気にする人に会うとき

美味しくて目にもいい
「限定入荷」で心をつかむ

私のおススメ

八《や》ッ目《め》やにしむら
うなぎ蒲焼《かばやき》

東京・目黒にあるうなぎ屋「八ッ目や にしむら」。通常は、うなぎの蒲焼きやうな重を販売しているのですが、11月から3月にかけて、入荷があったときだけ「八ツ目うなぎ」の蒲焼きを販売しています。

八ツ目うなぎというのは、見た目は普通のうなぎですが、まったく別の種類の生き物。目の後ろに七対の丸い穴があいたエラがあり、まるで八つの目があるかのように見えることから「八ツ目うなぎ」と呼ばれています。

栄養価が豊富で、古くから滋養強壮や夜盲《やもう》症《しょう》（いわゆる鳥目）の薬として用いられてきました。

50代のあるオーナー社長と話をしていたとき、独り言のように「最近、目が疲れやすくてねえ。歳なのかなあ……」などとおっしゃっていたのを聞いて、翌日、この「八ッ目や にしむら」に駆け込みました。

うなぎの蒲焼を買うつもりだったのですが、この日は運よく八ツ目うなぎの入荷があり、「八ツ目蒲焼」を買うことができました（入荷したときだけしか販売されないですし、ここ数年はほとんど入荷がないそうですから、入手困難と言えます）。

私は急いで、社長のもとへ向かいました。

「八ツ目蒲焼き」が手に入るかどうかわかりませんでしたし、前日、アポをいただいてお会いしたばかりですから、この日はアポなしで伺いました。社長がお留守であれば、受付とか、秘書の方にお願いしようと思ったのです。

受付で「これを持ってきただけなので」と言ったのですが、運よく社長が社におられたので、直接手渡しすることができました。

「社長が昨日、『最近、目が疲れる』とおっしゃっていたので、目にいいという『八ッ目うなぎの蒲焼き』を買ってきました」とお伝えしたところ、「俺の体まで心配してくれるのか」と感激されました。

その後、大きな商談が成立しました。

なお、八ツ目うなぎは、入荷のあるときしか買えませんが、「八ツ目ホルゲン」という肝油のサプリメントはいつでも買うことができます。ドライアイや疲れ目の方にはお勧めです。

八ッ目やにしむら

住所	〒170-0002 東京都豊島区巣鴨 3-34-2
電話番号	03-3910-1071（FAX:03-3910-3370）
営業時間	10時30分～20時（定休日：不定休）
最寄駅	JR山手線「巣鴨駅」北口より徒歩5分／都営三田線「巣鴨駅」A3もしくはA4出口より徒歩3分
URL	http://www.yatumeya.com/

TEMIYAGE

03

血糖値を気にする人に会うとき

看板や余計な装飾がなくても原材料へのこだわりが相手の心に伝わる

私のおススメ

赤坂相模屋（あかさかさがみや）
豆かん

赤坂相模屋（あかさかさがみや）は明治28年創業。ここの「豆かん」に使われている寒天は、伊豆七島産（いずしちとう）、西伊豆産の最高級の天草（てんぐさ）を使用しています。昔からの手造り製法にこだわって、手間暇かけた逸品です。

「豆かん」という名の通り、容器の中には豆と寒天と蜜しか入っていません。寒天の素材本来の味を味わうことができます。

寒天なので、カロリーも低く、ヘルシー。健康を気遣う人への手みやげとして最適です。

あるお客様に糖尿病予備群の方がいらっしゃいました。その方は血糖値や食品のGI（グリセミック指数）値を非常に気にしておられ、何をさしあげたら喜んでいただけるか悩んでいました。しかし、雑誌や書籍で調べるうちに、豆と寒天は低カロリー、低ＧＩ値ということでそのお客様の身体にもいいのでは、と思いお持ちしました。さらにこだわりの手造り製法について語ったところ、とても喜んでくださったのです。

「糖尿病を気にして、普段は甘味など食べられない。でも、これなら血糖値を気にせず食べられる。俺の体のことまで気遣ってくれるなんて」と言っていただき、その後、こちらも大きな取引につながることになりました。

赤坂相模屋

住所　〒107-0052
東京都港区赤坂 3-14-8

電話番号　03-3583-6298（FAX：03-3584-1635）

営業時間　月～金 :10 時～ 19 時、土：10 時～ 18 時
（定休日：日曜・祝祭日）

最寄駅　東京メトロ千代田線「赤坂駅」 1 番出口より
徒歩 1 分

URL　http://www.akasaka-sagamiya.co.jp/

TEMIYAGE

04

よく「疲れた」と言う人に会うとき

「朝ごはんはせめて家族一緒で」という忙しい社長には精のつく「とろろ」が効く

私のおススメ

浅草むぎとろ
味付とろろ

「忙しくて昼食もろくにとれない」と言うお客様は多いと思います。あるとき、そんなお客様に精をつけていただきたい一心で、「浅草むぎとろ」のランチにお連れしたことがあります。

「昼食抜きでは体に悪いですよ。精のつくものを食べた方がいいです。浅草のむぎとろは精がつきますよ」

そう言って、何とか時間を作っていただくことができたのです。

お店で食べた後、その方は「おいしかった。とても精がついた気がする」と言ってくださいました。しかしそのお客様は日頃から、何かあると「疲れた」とおっしゃっていたので、一回むぎとろを召し上がるだけでは効き目がないと考えました。そこで私は帰りにおみやげ用の「味付とろろ」を買って、お渡ししたのです。

私は幼少の頃、毎朝食卓に「とろろ」が出ていました。「とろろは精がつくから食べなさい」と言って、毎朝祖母が長いもをすって出してくれていたのです。そのおかげか、今でも風邪をほとんどひきません。

しかし、とろろを作るために長いもをするのは、なかなか時間もかかりますし、手も汚れますから、朝の忙しい時間帯に行うのは難しいものがあります。

浅草むぎとろの「味付けとろろ」であれば、スティック状ですので、手も汚れませんし、手軽に食べられます。

「昼食がとれないなら、せめて朝、これで精をつけてください」と言ってお渡ししたところ、たいへん感激されました。

実はそのお客様は会社の社長でした。夜は外食が多いため、朝は必ず家族で一緒にご飯を食べているというのです。

「おかげでまた一つ、家族との会話が増えるよ」と言ってくださり、その後、長く取引をさせていただくことになりました。

浅草むぎとろ

住所	〒111-0034 東京都台東区雷門2-2-4
電話番号	03-3842-1066（FAX：03-3845-3456）
営業時間	11時～21時
最寄駅	都営浅草線「浅草駅」A3出口より徒歩1分／東京メトロ銀座線「浅草駅」4番出口より徒歩3分／東武スカイツリーライン「浅草駅」松屋デパート出口より徒歩3分
URL	http://www.mugitoro.co.jp/honten/

TEMIYAGE

05

お茶好きな人に会うとき

若い人こそあえて「古臭いもの」をチョイスすると効く！
目上の方の健康を気遣う姿勢は「手みやげ」から

私のおススメ

五代庵《ごだいあん》ＧＩＮＺＡ

五代庵 夢想（梅干し）

ここで紹介する「五代庵《ごだいあん》ＧＩＮＺＡ」は、紀州梅の専門店で、都内では銀座と目黒に店舗があります。味も価格帯も豊富で、贈る相手の好みに合わせて選べます。私がよく買うのは、1粒300円くらいのものですが、中には1粒数千円というものもあります（1粒300円でも十分高価ですが）。

私がこの梅をお贈りしたある社長は、毎朝、会社に着くと必ず日本茶を召し上がる方でした。

それを聞いていた私は、面会時に五代庵の紀州梅を持っていきました。

「『朝の梅干しは難逃れ』と言って、体にとてもいいそうですよ。朝、日本茶を飲む際にご一緒にどうぞ」と言ってお渡ししたところ、「お前は若いのに古臭いことを知っているなあ。おもしろいやつだ」と言われ、それ以来、とてもかわいがっていただけるようになりました。そしてそれから取引が始まり、大口のお客様になっていただいたのです。

もともと梅干しは、「難が去る」「病が去る」食べ物として知られています。ですから、お茶好きでもない方にもお勧めです。

また五代庵の梅は、塩分の量から商品を選ぶこともできるなど、相手の嗜好に合わせたものを贈ることが可能です。

五代庵ＧＩＮＺＡ

住所	〒104-0061 東京都中央区銀座８丁目2-10 誠和シルバービル１F
電話番号	03-3571-5858
営業時間	月～金：11時～22時、土曜：11時～18時 （定休日：日曜・祝祭日他）
最寄駅	JR各線、東京メトロ銀座線「新橋駅」より 徒歩３分
ＵＲＬ	http://www.godaiume.co.jp/

TEMIYAGE

06

お米が好きな人に会うとき

手みやげに「ストーリー」があれば美味しさは2倍にも3倍にもなる

私のおススメ

串焼ろく助
ろく助塩

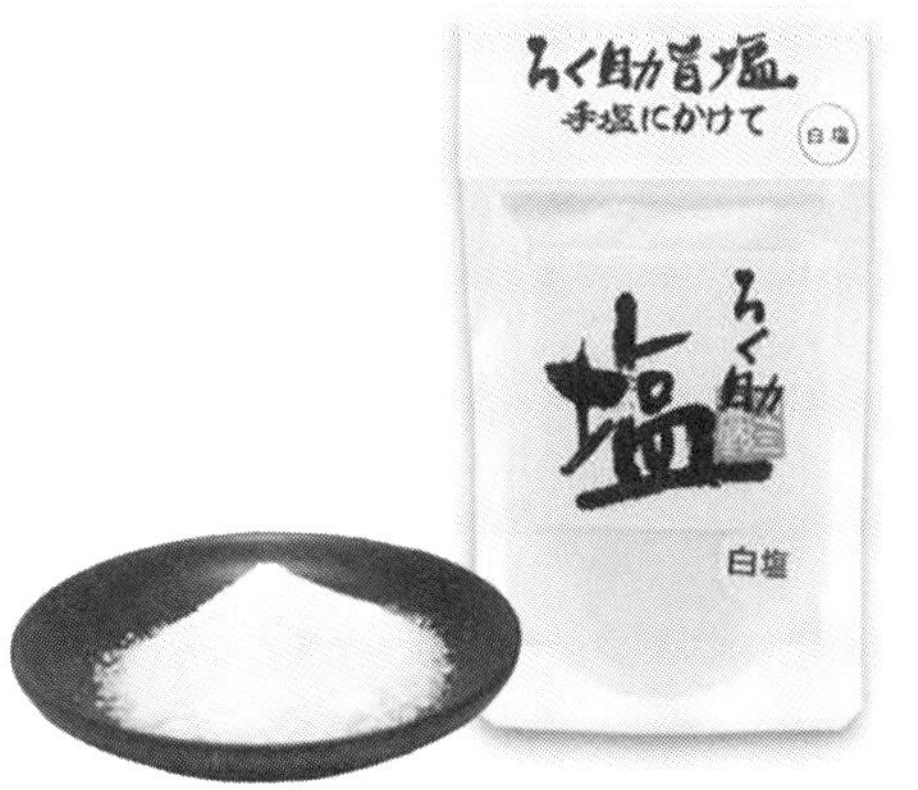

「ろく助塩」は知る人ぞ知る伝説の塩。「たかが塩」と思ってはいけません。東京・赤坂の名店「串焼きろく助」の店主である高野《たかの》正三《しょうぞう》氏が、独自の製法で作り上げたことで知られています。干椎茸《ほししいたけ》、昆布《こんぶ》、干帆立貝《ほしほたてがい》など出汁のうま味が塩に詰まっていて、普通の塩とはまったく異なる味わいです。

その味が最も際立つのは、白いごはんにかけて食べたときです。おにぎりの味付けにもぴったりで、固定ファンもいらっしゃるほどです。

あるときお米が大好きというお客様のところにこの塩を持って伺ったことがあります。その方は、いわば「お米マニア」。お米を食べただけで銘柄を当てられるほどの方でした。お米を差し上げようと考えたこともありますが、それほどの方にお米では、銘柄にお詳しいだけに、かえって失礼にあたる可能性もあります。

そこで私は「塩」なのにまるで「アジシオ」のような味わいがあり、しかも天然由来成分の、このろく助塩をお渡ししました。

「ぜひ、これでおにぎりを召し上がってみてください」とお渡ししたところ、数日後に奥さまからお電話があり、「主人が『本当においしい。米の味が何倍にもおいしく感じる』と喜んでおりました」と言ってくださったのです。

このことをきっかけに、大口の取引をさせていただくようになりました。お米好きのお客様には、たまらない手みやげです。

串焼ろく助

住所 〒150-0013
東京都渋谷区恵比寿 1-20-2 リフュージュ

電話番号 03-6459-3620（FAX:03-6459-3857）

営業時間 24 時間（ネットでの販売のみ）

URL www.rakuten.co.jp/rokusuke-salt/

商談がまとまらなかったとき、何に感謝すればいいと言うのか、と思ったでしょうか。いえ、感謝すべきことがあるのです。それは、**「相手があなたのために貴重な時間を割いて商談に臨んでくれたこと」**です。

はなから断ることもできたはずなのに、忙しい中、わざわざ時間を使ってあなたの話を聞いてくださったのです。ですから、たとえそのときは商談がまとまらなかったとしても、必ず「今日は貴重なお時間をいただいて、ありがとうございました」と、心を込めて伝えましょう。これは商談のときだけに限らず、目上の人に時間を取ってもらったときなどにも行なうことをお勧めします。こうした**気づかいの積み重ねが、あなたを「心から気づかいができる人」に変えていきます。**

そして、その気づかいは相手にも伝わりますから、今回は仕事につながらなかったとしても、必ず相手の印象に残ります。「次に何かお願いでいることがあったら、あの人に頼もう」と、何かあったときにあなたを優先的に扱ってくれる可能性が高まるのです。

COLUMN 2 落ち込んだときほど感謝の気持ちを伝える

相手に対する気づかいが、本当に相手のことを思って行なったものなのかどうかは、それがお金にならなかったときのあなたの態度に表れます。

たとえば仕事で、商談がうまくいかなかったときや、期待する結果が出なかったとき、あなたはどんな風に対応しますか。落胆したり、中には相手に怨みを持ったりする人もいることと思います。確かに頑張った結果うまくいかなかったのですから、相手や自分に対して失望の気持ちを抱くことはある意味当然ですし、理解できます。

しかし、相手（特に商談の場合はお客様ですが）は、うまくいかなかったときこそあなたの反応を見ています。そこで落胆する気持ちをぐっとこらえて、相手への気づかいを見せることができるかどうか。そこが、本当の気づかい、お金を引き寄せる人になれるかどうかの分かれ目です。

思うような結果が得られなかったときこそ、相手に感謝の気持ちを伝えましょう。

第3章

女性が喜ぶ手みやげ

TEMIYAGE

01

次回の約束を取りつけたいとき

「渡して終わり」じゃない！
1週間後も相手の記憶に残る
キング・オブ・手みやげ

私のおススメ

クロイソス 東京銀座店

工芸茶《こうげいちゃ》

「女性は花が好き」という理由から花束ばかり渡してはいませんか。そんな方にお勧めしたいのが、クロイソスの「工芸茶《こうげいちゃ》」です。

工芸茶とは、中国茶の葉や花を糸でつないで束ね、丸くして乾燥させたもの。飲むときは、通常の茶葉と同じようにティーポットに入れてお湯を注ぎます。すると、丸いかたまりだった茶葉が膨らみ、さらに花が外に出てきて、ポットの中で開花します。その様子はまるで、花が咲く様子を見ているよう。透明なティーポットであれば、よりその美しさを実感していただけます。

工芸茶には漢方の効果も期待できる中国茶独特の味と香りがあり、特に女性に人気です。薬効だけでなく、花が開く様子を目で楽しむことができる、エンターテイメント性の高いお茶なのです。

この手みやげは、女性のお客様に絶大なる効果をもたらすため、私はこの工芸茶をよく、次のアポイントをいただきたいときに使っています。

ある日、40代の女性経営者のもとに、千日紅《せんにちこう》という花の工芸茶をお持ちしました。その方が、お花が好きだとおっしゃっていたからです。

花束を渡しても喜んでもらえるとは思いますが、それでは芸がありません。何かいい方法はないかと思って探していたところ、友人から、工芸茶の話を聞き、購入することにしたのです。

今と違って当時、工芸茶は購入できるお店が限られていました。そこで大阪から取り寄せ、お持ちしたところ、大変喜んでくださったのです。

喜んでいただけたポイントは、お湯を淹れる前と後との見た目のギャップです。

最初の見た目は、乾燥した中国茶の茶葉の丸まったかたまりです。しかしこれにお湯を注ぐと、お湯の中でみるみる花が咲いていくわけです。これにはほとんどの人（私の経験では１００％）が驚き、感動してくれます。

手みやげとしては、午後のティータイムにお持ちするといいでしょう。その場で、楽しむことができます。

しかしこの工芸茶、これで終わりではありません。

飲み終わった後、この工芸茶をグラスやポットに入れて水を注ぐと、「水中《すいちゅう》花《か》」としても楽しむことができるのです。

実際、自宅でも試したところ、毎日水を取り替えると、一週間程度持ちました。

このことを帰り際に話したところ、そのお客様はさらに喜んでくださいました。そして、「一週間後に、水中花を見せてくださいね」と言うと、すんなり次のアポイントをいただくことができたのです。

お茶としての美味しさ、香り、そして見た目の美しさ。

美しいものが好きな女性にこそぜひお勧めしたい手みやげです。

工芸茶の種類は20種類ほどあるので、何度手みやげとして持って行っても、「次はどんな花が咲くのだろう」と期待してもらえます。

たくさんのメッセージが花に込められているため喜ばれ、感動されて、さらに次のアポイントまでもらえるという強力な手みやげ。男性のお客様でも、「奥様に」とか「娘さんに」と言って手渡せば、お客様の家であなたのことが大きな話題になることでしょう。

なおここでご紹介した工芸茶は「クロイソス」というお店で購入できます。工芸茶専門のお店で、大阪の天王寺《てんのうじ》と東京の銀座に店舗があります。今はインターネットから通信販売で購入することもできますので、試してみてはいかがでしょうか。

クロイソス 東京銀座店

住所	〒104-0061 東京都中央区銀座 7-10-10 セレンシービル 1F
電話番号	03-5568-2200（FAX も同番号）
営業時間	11 時～ 20 時（定休日：不定休）
最寄駅	東京メトロ銀座線、丸の内線、日比谷線「銀座駅」A 3出口より徒歩５分
ＵＲＬ	http://www.mercure.jp/

TEMIYAGE

02

大切に想う気持ちを伝えたいとき

手みやげだけでなく、
それを作った人にもストーリーがあると
会話が弾むきっかけになる

私のおススメ

ヨハン本店
チーズケーキ

東京・上目黒《かみめぐろ》にある「ヨハン」というお店のチーズケーキは、チーズの性質上、気温や湿度によって微妙に変化するので、創業以来一定の品質のものを作るのに苦労されたようです。

チーズの濃厚な風味が引き立つこのケーキに、香料や着色料、保存料や水などは一切使われていません。

また、従業員のほとんどが元プラスチック製造のプロで、平均年齢70歳超という、ちょっと変わったお店としても知られています。

そもそもヨハンを創った故・和田《わだ》利《り》一郎《いちろう》氏は、アメリカ人からもらったホームメイドのチーズケーキに感動し、このお店を立ち上げました。しかも、一部上場の会社を定年退職後に創業したというから驚きです。ちなみに「ヨハン」の店名は、創業者のクリスチャンネームから取ったそうです。

最初からチーズケーキを作っていたパティシエではなく、別の場所で働いていたからこそ、独特の味が醸し出せるのかもしれません。

ヨハンのチーズケーキは、ナチュラル、メロー、ブルーベリー、サワーソフトの4種類です。難しい計算式とは対照的な、昔ながらの製法で作られていて、本格的な味わいを楽しむことができます。

難しい計算式、70歳を超えた元数学教師の従業員がたくさんいることなど、手みやげを語るストーリーとしては申し分ありません。もらった方は皆、この話に喜んでくださいますので、今ひとつお客様との関係性を深められていない方、女性に喜んでもらいたいという方にはぜひ試していただきたいと思います。

なお、ヨハンのチーズケーキは、上目黒にある本店以外にも、成城石井の一部店舗やクイーンズ伊勢丹品川店でも購入できます。

ヨハン本店

住所	〒153-0051 東京都目黒区上目黒 1-18-15
電話番号	03-3793-3503（FAX も同番号）
営業時間	10 時～ 18 時 30 分（年中無休）
最寄駅	東急東横線「中目黒駅」より徒歩 3 分
URL	http://johann-cheesecake.com/

TEMIYAGE

03

よりいっそう関係を深めたいとき

「誰もが知る名店の味」より「隠れた名店の味」の方が喜びは倍増する

私のおススメ

日本橋長門《にほんばしながと》
栗むし羊《よう》かん

何を買って行こうか迷って、ついつい無難に「とらや」の羊《よう》かんを手にしてしまう方は多いのではないでしょうか。そんな方にぜひ一度味わっていただきたいのが、この「日本橋長門《にほんばしながと》」の栗むし羊かんです。

日本橋長門の創業は、江戸時代の享保年間（１７１６～１７３５年）。まだ侍が刀をふるっていた時代から、徳川家に菓子を献上していたという、老舗中の老舗です。

「栗むし羊かん」は、生栗のおいしい秋だけの季節限定商品ですが、通年のものとしては「江戸風　切羊かん」があります。

女性のお客様で「とらやの羊かんが大好き」とおっしゃる方がいらしたのですが、とらやの羊かんは、全国の百貨店などで買うことができます。そこで、たまには別の名店の羊かんを味わっていただこうと思い、この長門の栗むし羊かんを手みやげとして持っていきました。

一口食べるや、「この上品な甘み、今まで食べたことがない」と言って、たいへん喜んでいただきました。

とらやの羊かんももちろんおいしいですが、あえて超有名店ではなく、隠れた名店の品をお持ちしたことで、よりいっそう、印象に残ったようです。

ちなみに、この日本橋長門は「久寿《くず》もち」という名のわらび餅も人気で、私は手みやげとしてよく利用しています。

商品名に「寿」の文字が使われているため、「縁起ものを持ってきました」と言ってお渡しすると喜ばれるのです。

また、年末年始には花や葉の形を型どった干菓子、「吹《ふき》よせ」がお勧めです。最も高いものだと4500円ですが、地方出身のお客様も多かったため、「年末は実家に帰るんだよ」という話を聞くと、お持ちするようにしています。お客様のお母様には高齢の方も多いのですが、年を取っても女性というのは綺麗なものや美しいものに心惹かれるもの。日本橋長門の「吹き寄せ」は見た目も味も息をのむほどで、大変喜んでいただきました。もし手みやげに使えるお金に余裕が出てきたら、ぜひお勧めしたい一品です。

日本橋長門

住所	〒103-0027 東京都中央区日本橋 3-1-3
電話番号	03-3271-8662（FAX：03-3271-8969）
営業時間	10時～18時（定休日：日曜・祝祭日）
最寄駅	東京メトロ銀座線、東西線「日本橋駅」B3出口より徒歩1分／JR各線「東京駅」八重洲北口より徒歩2分
URL	http://www.nagato.ne.jp/

TEMIYAGE

04

女性を味方につけたいとき

お金が厳しいときは
リーズナブルな手みやげを
人数分買って行くと喜ばれる

私のおススメ

サンドウィッチパーラーまつむら
クリームパン

社会人1～2年目の頃は、どうしても使えるお金に制限があるもの。私も20代の頃は限りあるお金をどうやりくりするか、頭を悩ませたものです。そんな、「お財布が寂しいけれど、相手を喜ばせたい」というときにお勧めなのが、「サンドウィッチパーラーまつむら」のクリームパンです。

「サンドウィッチパーラーまつむら」は、1921年（大正10年）創業。東京の水天宮前《すいてんぐうまえ》に店を構えて90年以上という老舗のパン屋さんで、ここのクリームパンは創業以来変わらぬ味を保っていると言います。

野球のグローブのような昔ながらのクリームパンの形に、素朴な味……。値段は115円と安価ですが、価格からは想像しがたい味わいです。中に入っているカスタードクリームは、気泡が入ったようななめらかな甘みで懐かしい味がするため、数あるメニューの中で最も人気があります。

ある社長と夕方にお会いする約束があったとき、私はこのクリームパンを大量に買って手みやげとして持って行きました。毎回、老舗の和菓子や洋菓子を持って行っては、相手にも気を遣わせてしまいます。そこでこのときは、「老舗」という安心感はありながらも、安価に楽しめるクリームパンをお持ちしようと考えたのです。その会社の方々は残業が多いと聞いていたので、気軽に食べられて、しかもそこそこ腹もちのいいこのクリームパンであれば喜んでいただけるのではないか、とも考えました。「このクリームパン、みなさんで召し上がってください」と言うと、「自分よりも社員に気を遣ってくれるとは」と感激していただきました。

それから、とても良好な関係を築くことができ、大きな取引につながるきっかけとなりました。これも、本人だけでなく周囲の人たちへの気づかいの大切さを教えてくれた出来事でした。

サンドウィッチパーラーまつむら

住所　〒103-0027
東京都中央区日本橋人形町1-14-4

電話番号　03-3666-3424

営業時間　月～金：7時～18時、土：7時～15時
（定休日：日曜・祝祭日）

最寄駅　東京メトロ半蔵門線「水天宮前駅」8番出口より徒歩1分

URL　http://www.sandwich-parlor-matsumura.com/

と、いざというとき力になってくれるのです。

私は普段からのコミュニケーションに加え、数ヶ月に一度、手みやげを社内の人に配っていました。「これは、○○というお客様が大好きなお菓子でね……」といった話をして、自分のお客様に興味を持ってもらえるようにしていたのです。

営業が担当しているお客様というのは、いわば会社全体のお客様ですから、事務職の人にとっても無関心ではいられないはずです。

少しでも話をしておけば、事務職の人が電話を取った際「ああ、あのお菓子が好きなお客様からだな」とわかり、対応も変わってきます。

事実、私も手みやげを配るようになってから、事務職のみなさんが、会議中や接客中でもそっと、最適なタイミングでメモを渡してくれるようになりました。

もし事務職の人たちに、普段から「営業職が食わせてやっているんだ」といったぞんざいな態度を取っていたとしたら、こういった気づかいはしてもらえなかったと思います。

他部署の人こそ、丁寧に接することで、仕事をスムーズにすることができるのです。

COLUMN 3

他部署の人ほど丁寧に接する

「手みやげはお客様や大切な人に渡すもの」と思われている方も多いかもしれませんが、同じ職場で働いている人にとっても、手みやげは有効なアイテムです。

証券会社で働いているとき、私は営業職だったのですが、サポートをしてくださる事務職の方たちには特に気を遣っていました。

というのも、電話の取り次ぎ一つにしても、日頃からコミュニケーションを取れているかそうでないかで、まるっきり対応のスピードが違ってくるからです。

会議中などに電話が掛かってきた場合、通常は取り次がないことが多いと思います。しかし仕事というのは、スピードが求められる場面も少なくありません。特に証券会社の場合、１分１秒で利益、あるいは損失が大きく変わってしまうことが頻繁にあるため、折り返し電話するか、その場ですぐに対応するかで、結果が大きく変わってしまいます。そんなとき、**日頃から事務職の人と密にコミュニケーションをとり、気づかいをしておく**

第4章

特別な日の手みやげ

TEMIYAGE

01

ホームパーティーに呼ばれたとき

ホームパーティーは個性を表現するチャンス「故郷の味」×「インパクト」が相手の心をつかむ

私のおススメ

銀座熊本館
晩白柚《ばんぺいゆ》(3L)

ホームパーティーに呼ばれたら、あなたは何を持っていきますか。ワインやお酒が定番だと思いますが、地方の名産品をお持ちするのも一手だと思います。

あるとき、私が顧問をしている会社の社長が、ホームパーティーに誘われました。主催者のご出身は、熊本県八代《やつしろ》市。当時は今のように「くまもん」もおらず、知っているものと言えば、「からしレンコン」と「馬刺し」くらい。その社長から、「手みやげ」として何を渡せばいいか」と聞かれたので、ある人に相談したところ、「熊本県の八代なら晩白柚《ばんぺいゆ》だろう」ということになり、銀座にある銀座熊本館に買いに行きました。

熊本県八代市は、晩白柚の産地。故郷の味を思い出してもらえるいい機会になるうえ、かんきつ類の中でも大きいので、印象に残るのでは、という話になったのです。

晩白柚は真冬が旬の時期。当時は幸いにも1月でしたから、うまく入手できました。ホームパーティーでたくさんの方が集まるということもあって、3Lサイズを購入して持って行ってもらったのです。また、食べた後は皮をお風呂に入れるといいですよ、ともお伝えしました。

すると、その主催者は「俺の故郷のことをよくわかっているな」と喜び、その後、その社長と主催者は、さらにいい関係を築くことができたそうです。

奇遇なのですが、実は研修先の営業担当者Cさんからも同じような相談を受けたことがあります。もちろん私は、晩白柚を持っていくことを提案しました。そして、2つ持って行きなさい、とAさんに勧めました。関係がまだ浅いのであれば、より印象づけることが大切だからです。

一番大きな3Lサイズを2つ持って行ったAさんは、その社長から大変喜ばれ、数千万円の取引が、1年後、数億円の取引へと増えたそうです。

大きさでもインパクトがあり、また、地方出身の人にとって思い出の味となる果物を持って行くことは有効な方法です。ぜひお試しください。

銀座熊本館

住所	〒101-0063 東京都中央区銀座5-3-16
電話番号	03-3572-1147
営業時間	11時～17時30分（定休日：月曜日）
最寄駅	東京メトロ各線「銀座駅」B9出口もしくはC2出口より徒歩2分／JR各線「有楽町駅」数寄屋橋方面出口より徒歩5分
URL	http://www.kumamotokan.or.jp/

TEMIYAGE

02

節目の日を祝うとき

おめでたい日にはお金をかけるよりも、ゴロを重視すると株が上がる

私のおススメ

風土菓 桃林堂《とうりんどう》青山店

小鯛焼

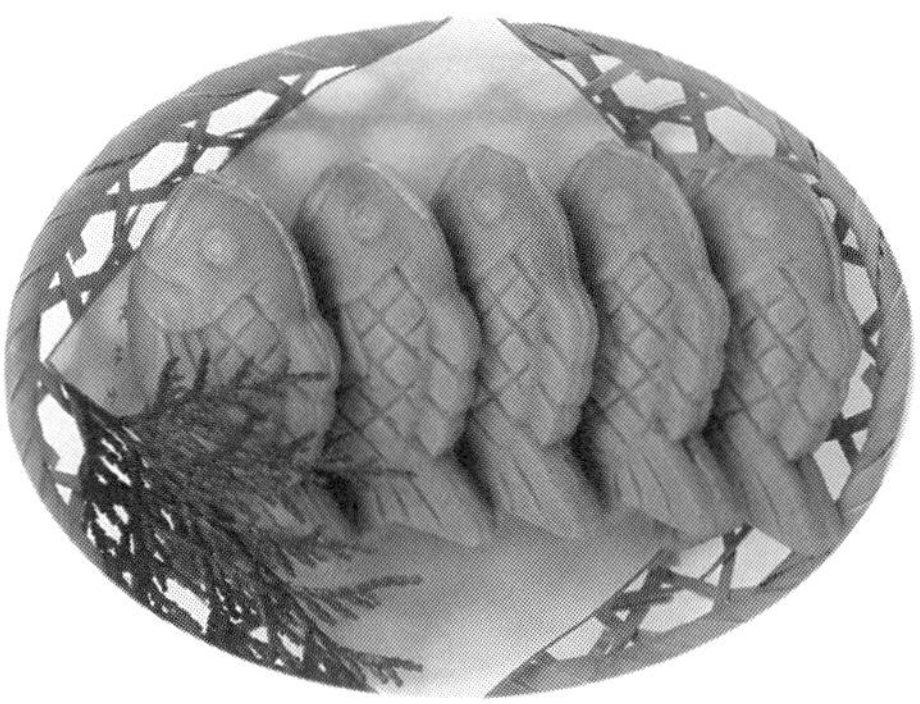

「桃林堂」は、大阪の八尾市に本店があるお菓子屋さんです（東京にも2店舗あります）。「小鯛焼」という名前のとおり、通常の鯛焼よりサイズは小さめですが、丹波大納言の粒あんが頭から尻尾の先まで詰まっています。

　鯛は「めでたい」の「たい」との語呂合わせで、昔からお祝の席には欠かせない魚です。ただ、いくらなんでも手みやげで生魚を持っていくわけにはいきませんので、私はよく鯛焼を持って行くようにしています。

　これまでに持参して最も喜んでくださったのは、創業30周年を迎えたある会社でした。

大変おめでたいことだと思い、小鯛焼を30個買って、花束と一緒に持って行ったところ、「社長が重ねてきた30年という会社の歴史に敬意を表して、30匹のめでたい鯛焼を持ってきました」と言って差し上げたところ、とても感激してくださいました。

そしてこの話を付き合いのある会社の社長たちにもしてくださり、新規のお客様を多数紹介していただいたのです。

小鯛焼は5個入りで1350円（税別）。ネットで買うこともできますので、祝い事などのときは事前に予約しておくと便利です。

風土菓 桃林堂青山店

住所	〒107-0061 東京都港区北青山 3-6-12 みずほ銀行ビル 1F
電話番号	03-3400-8703（FAX:03-3409-5704）
営業時間	10時～19時（定休日：1月1日～3日）
最寄駅	東京メトロ銀座線、半蔵門線、千代田線「表参道駅」B4出口より徒歩1分
URL	http://www.tourindou100.jp/

TEMIYAGE

03

大きな成功を収めた人を祝うとき

高級メロンで特別感を演出「まさか」のサプライズが大きな喜びを生む

私のおススメ

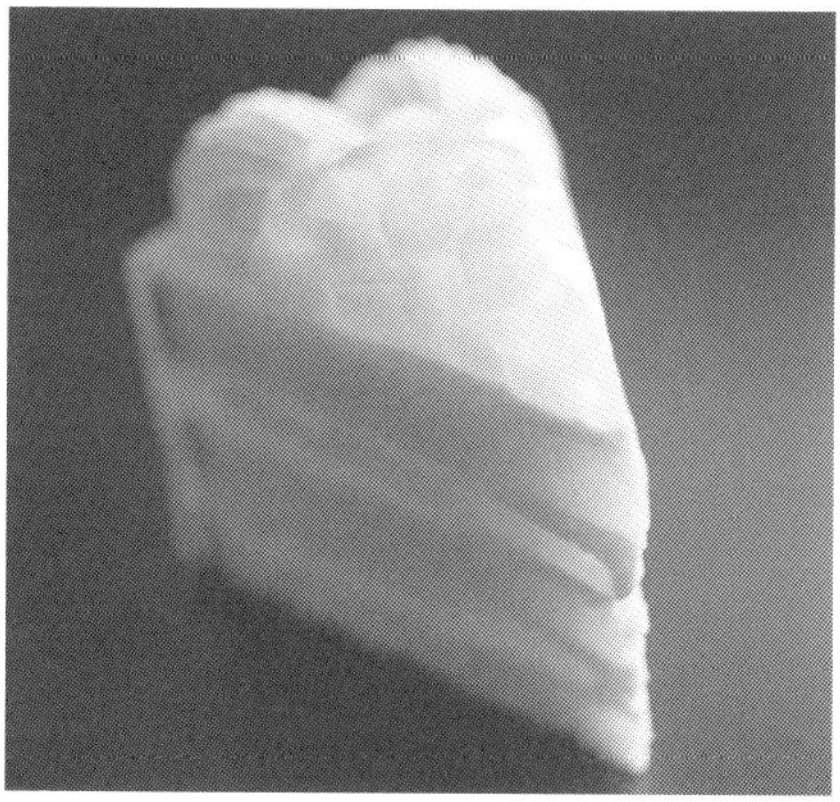

パティスリーSATSUKI
スーパーメロンショートケーキ

ホテルニューオータニ「パティスリーSATSUKI」のスーパーメロンショートケーキは、ホテルのシェフパティシエが3年間かけて探し抜いた最上級のマスクメロンを使用しています。マスクメロンを育てるために栽培者自らが掘ったという温泉を熱源として品質管理しており、糖度は14度以上。糖度が10~11度のメロンがあることを考えると、いかに糖度の高いメロンを使用しているか実感していただけるのではないでしょうか。

手みやげは値段が全てではありませんが、このスーパーメロンショートケーキは1ピース1

500円（税別）。ホールで換算すると1ホール1万円を超えます。すべての素材にこだわって作られているため、1日40個限定という商品です。

食べるとわかるのですが、生クリームの味わいとメロンのさわやかな甘みがマッチし、最高に幸せな気分にしてくれます。

本当にお世話になっている人へ日頃の感謝の気持ちを伝えるために、思い切って奮発する価値のある手みやげです。私も、感謝の気持ちを伝えたいときに、奮発して買っていくのですが、スイーツ好きか否かにかかわらず、間違いなく喜ばれるので、重宝しています。

パティスリーSATSUKI

住所	〒102-8578 東京都千代田区紀尾井町4-1 ホテルニューオータニ　ザ・メインロビィ階
電話番号	03-3221-7252
営業時間	11時～21時
最寄駅	東京メトロ銀座線・丸ノ内線「赤坂見附駅」 D紀尾井町口徒歩3分
URL	http://www.newotani.co.jp/tokyo/restaurant/p_satsuki/

TEMIYAGE

04

子どもの誕生を祝うとき

安くて、品があって、喜ばれる
おり紙は、小さなお子さんと一緒に遊べる
最強のツール

私のおススメ

東京鳩居堂《きゅうきょどう》 銀座本店
友禅《ゆうぜん》おり紙

路線価が日本一高いことでも有名な、東京・銀座の鳩居堂《きゅうきょどう》。江戸時代初期に京都で薬種問屋として開業し、現在は、お香、書画用品、便箋、和紙の専門店として親しまれているお店です。

「友禅おり紙」は、友禅の着物のような絵柄で、和風のとてもきれいなおり紙です。

証券会社で働いていた頃、他の担当者からあるお客様を引き継いだことがありました。以前は頻繁に取引があったようですが、引き継いだとき、既に取引は全くない状況でした。

大手企業と取引している場合、担当が変わってもそのまま取引を続けてくれると思うかもしれませんが、必ずしもそうではありません。担当が変わったことで、取引のあった会社との関係も切れてしまうというケースも少なくないのです。

私が引き継いだそのお客様も、そのパターンでした。

幸い、アポイントを何度かいただき、お話をさせていただく機会は作れたのですが、取引に関してはまったく「けんもほろろ」で、相手にしてもらえませんでした。

ただ、あるとき、そのお客様が「近頃は、孫と遊ぶのが楽しくてさ」とぽろっとおっしゃったのです。

その言葉を聞き逃さなかったことが、次の取引を作るきっかけになりました。

私は、次の面会のとき、この鳩居堂の「友禅おり紙」を2束と、おり方の本を買って、手みやげとして持っていきました。

「お孫さんが喜ぶかなと思いまして」と言ってお渡ししたときは、それほど興味を示されなかったのですが、数日後、「孫が大喜びだった」と連絡をいただき、取引を再開。その後、億単位の取引へと発展しました。

仕事のために、そのお客様ご本人へ気づかいをする人は山のようにいても、お孫さんへの気づかいをしたのは、私がはじめてだったのかもしれません。

なかなか相手が心を開いてくれなかったり、思い通りに人間関係を築くことができないという方は、**その人が大切にしている人のために手みやげを選んでみてはいかがでしょうか。**

東京鳩居堂 銀座本店

住所	〒104-0061 東京都中央区銀座 5-7-4
電話番号	03-3571-4429（FAX:03-3574-0075）
営業時間	月～土：10 時～ 19 時、日曜・祝日：11 時～ 19 時（12/31 は 17 時閉店、1/4 は 18 時閉店）（定休日：不定休）
最寄駅	東京メトロ銀座線、丸の内線、日比谷線「銀座駅」Ａ２出口より徒歩１分
ＵＲＬ	http://www.kyukyodo.co.jp

TEMIYAGE

05

子どもの誕生を祝うとき2

関係が深い人ほど
手みやげには
ちょっとしたひと手間を

私のおススメ

スタイ

タオルサロン カラカラ 帝国ホテルアーケード店

出産祝いにお勧めなのが、この「タオルサロンカラカラ」の「スタイ」です。

「スタイ」というのは「よだれかけ」のことです。このお店では、小さなお子さん用にタオル地で作ったよだれかけを売っているのです。

フリルがついているので、まるでドレスのように見えます。

さらに、タオル地でできているので吸水性も優れており、洗濯にも強いというメリットがあります。最近はビニール製のよだれかけも増えているようですが、洋服のように着られるこのよだれかけは、存在感もあるため、ちょっと人とは違うプレゼントをしたいという方にはお勧めです。

私はこのよだれかけを、お客様にお孫さんが生まれたときによく持参しています。はじめて買って行ったのは、医師のお客様に初孫が生まれたときのことでした。たまたま帝国ホテルにいて、通りがかりにこのスタイを目にしたのですが、まるで洋服のようなおしゃれな存在感に一瞬で惹きつけられました。それで手みやげとして持って行くことにしたのです。聞くと、事前に名前を伝えれば、名前を刺繍してもらえるとのこと。何とかお孫さんの名前を聞きだし、刺繍をしてもらいました。

そのスタイを手みやげとして差し上げると、「気のつかい方が違う」「女性でもないのによく気がつくね」「なんでそこまで気がつくのか」と言われ、大変喜んでいただきました。

このことがきっかけとなり、大きな仕事につながったのは、言うまでもありません。

タオルサロンカラカラでは、様々なスタイが販売されています。

色は、ピンク、黄色、水色など色々な種類がありますので、男の子か女の子かによって選ぶ楽しさもあります。

一枚3000円以上と、少し値は張りますが、大事な取引先や大切な方にとって、「孫のために選んでくれた」という記憶は、後々まで残ります。

トークやプレゼンで記憶に残る人になることももちろん大切ですが、このように**物で記憶に残る人になると、相手の、あなたに抱く印象もまた変わることでしょう。**

タオルサロン カラカラ 帝国ホテル アーケード店

住所	〒100-0011 東京都千代田区内幸町 1-1-1
電話番号	03-3503-8489（FAX：03-3506-7875）
営業時間	10時～19時（年中無休）
最寄駅	東京メトロ日比谷線、千代田線、都営三田線 「日比谷駅」A 13出口より徒歩3分
URL	www.caracara.jp

TEMIYAGE

06

特別な手みやげを渡したいとき

特別感を「名前入り」で演出！
手間をかけた分だけ
相手に想いが伝わる

私のおススメ

酒蔵文楽
名入れのお酒 大吟醸

ある程度、親しい間柄になったあとでないとできないのですが、お客様の名前の入った手みやげというのは、たいへん喜ばれます。

たとえば、日本酒や焼酎、ワインといったお酒のラベルには、贈りたい人の名前を入れられるものもあります。私の名字を入れた「大吟《だいぎん》醸《じょう》 越石」なんていうお酒をプレゼントできたりもするわけです。

中でも、酒蔵文楽で購入できる名前入りの日本酒は、ラベルが達筆な筆書きだったりするので、雰囲気も抜群です。

特に、自尊心の高いお客様（富裕層には多いのですが）には、とても効果的です。

「そんな、『くさい』芝居がかったことはやりづらい」という人もいるかもしれません。確かに、ある程度、親しくなってからでないと難しいのですが、たとえば誕生日や創業何周年などの特別な場であれば、多少大げさに感じられることでも、とても喜ばれます。大吟醸は一本５０００円（税別）と少し高めですが、特別な日に思い切ってプレゼントしたい一品です。

他に差し上げたことがあるのは、ゴルフのマーカーです。

マーカーというのは、ゴルフ場のグリーンの上にボールがのったときに置く、いわば「目印」です。ゴルフをやらない方にはわかりづらいかもしれませんが、グリーンにボールが乗った後は、ボールがあるところに目印となるマーカーを置いて一度ボールを拾い上げ、よけるというのがルールになっているのです。

他の人が打つときの邪魔にならないようにボールをよけるためにやるのですが、そのときにマーカーで目印をつけて、自分の順番になったら、マーカーのところにボールを置き直して打つわけです。

形状は小さなコインというか、メダルというか、バッジというか、そんな形のものです。

お客様でゴルフが大好きな方がいらっしゃったのですが、その方のお名前に「鶴」という文字が入っていたので、金色のゴルフマーカーに「鶴」という文字を入れて、プレゼントしました。

これは、お客様の自尊心をくすぐることができたようで、その後、大きな取引につながりました。

また、別のお客様に、大変暑がりで、いつも汗をだらだらとかいているお客様がいらっしゃいました。扇子《せんす》をお持ちになっているのですが、いつも強くあおぎすぎて、しょっちゅう壊れるのが悩みの種だとこぼすのです。

また新しいのを買えばいいではないかと思いましたが、富裕層の人が人前で使うものなので、安物は使いづらいそうなのです。

そこで、丈夫な京扇子をプレゼントすることにしました。普通のものではつまらないので、昇り竜の絵柄にそのかたの名前を入れて差し上げました。

名前入りも気に入っていただきましたが、上昇をイメージする昇り竜のほうはさらにお気に召したようで、とても喜んでくださいました。

いきなりこのような名前入りのものをプレゼントするのは大袈裟かもしれませんが、ここぞというときには非常に効果的な手みやげになります。なお、名前入りの扇子は、京都の扇子専門店舞扇堂《まいせんどう》で購入できます。

酒蔵文楽

住所	〒362-0037 埼玉県上尾市上町 2-5-5
電話番号	048-771-0011
営業時間	24 時間（ネットでの販売のみ）
最寄駅	JR 高崎線「上尾駅」より徒歩 10 分
URL	http://bunraku.shop-pro.jp/

TEMIYAGE

07

お客様の誕生日を祝うとき

相手にとって大切な一日を形に！
お金をかけなくてもできる
手みやげがある

私のおススメ

国立国会図書館 東京本館

誕生日の新聞のコピー

あなたは、自分が生まれた日の新聞にどんなことが書かれていたか、知りたいとは思いませんか？

「はじめに」でもお伝えしましたが、お客様の誕生日に、生まれた日の新聞をプレゼントすることは、お金をかけずに喜んでいただける、一つの方法です。

実は、古い新聞の閲覧というのは意外と簡単にできます。

少し大きな図書館に行けば、昔の新聞を閲覧することができるからです。国立国会図書館なら確実です。コピーもできます。

新聞社によっては、申し込めばコピーサービスをしてくれるところもありますので、探してみるといいでしょう。

冒頭で紹介した話は私が差し上げる側の話でしたが、その後、新聞のコピーを手みやげにする話をいろいろな研修などでしていたところ、私自身が自分の生まれた日の新聞をもらうという経験をしました。

研修の受講生さんたちが、何面にもわたって新聞を縮小コピーして、ラミネートでカバー（パウチ）したものをくれたのです。自分でもらうという機会は少なかったので、この手みやげのうれしさを改めて実感することができました。今でも大切に持ち歩いています。

なお、国立国会図書館は東京にある「東京本館」以外にも、京都に「関西館」があります。登録すれば、ネットで複写を申し込むことができますので、ウェブサイトをご覧になってみてください。

国立国会図書館 東京本館

住所	〒100-8924 東京都千代田区永田町 1-10-1
電話番号	03-3581-2331（代表）
営業時間	9時30分～19時（土曜日は～17時）
最寄駅	東京メトロ有楽町線「永田町駅」2番出口より徒歩5分
URL	http://www.ndl.go.jp

ください」

単に葉っぱを渡すだけではなく、行った先の写真の裏に貼りつけたり、ハガキにセロテープで貼り付けてお送りすることもありました。葉っぱ自体、縁起ものということ、商売繁盛祈願のお守り代わりにもなるということで、大変喜ばれたものです。

春であれば、お花見です。忙しいお客様でもお花見ぐらいは行かれるかもしれませんが、「どこそこの由緒ある桜の花びらです」と言って手渡したり、会えないときは郵送したりして、特別感を演出しました。

自分も仕事半分ながら観光でリフレッシュもできますし、受け取ったお客様も「よく行って来たね〜」などと笑いながらも、けっこう喜んでくれますから、大変お勧めです。しかも、葉っぱや花びらには、お金がかかりません。現地へ行く交通費はかかりますが、それは自分の観光も兼ねているのでかかって当然のお金です。遠くへ行ったり、宿泊したりしなければ、それほど高額にはなりません。

お客様と親しくなってきた頃、お財布が厳しいときの方法として、ぜひご活用ください。

COLUMN 4 関係づくりには手づくり感満載の「手みやげ」がきく

　ここまで数々の「手みやげ」を紹介してきましたが、手みやげそのものにお金をかけなくても、お客様に気持ちが伝わる手みやげがあります。

　その一つが、「葉っぱ」です。

　たとえば、秋の観光シーズンと言えば「紅葉狩り」があります。紅葉狩りと言えば、関東では日光が最大の名所です。そこに勝手に行って、お客様の代わりに紅葉狩りを楽しんでくるのです。そして、日光《につこう》東照宮《とうしようぐう》など、有名な観光地で拾った紅葉の葉を持ち帰って、押し花のように乾燥させて、お客様にプレゼントして、こう言うのです。

「社長はお忙しいから、きっと紅葉狩りには行っておられないことと思います。ですから、私が代わりに行ってきました。これ、東照宮で拾った紅葉の葉っぱです。一番上の方の、頑張って登らないと手に入らないところで拾った葉っぱです。本堂で、御社の商売繁盛のご祈願もしてきました。縁起ものですので、どうぞお守りにして

第5章

地方の手みやげ

TEMIYAGE

01

北海道の手みやげを渡すとき

北海道の手みやげでは あえて海鮮を外すと吉 見た目と意外性で話題を作る

私のおススメ

吉田食品
口《くち》取《と》り

「口取《くちと》り」というのは、北海道独特のおせち料理に見立てた生菓子です。

私は北海道の函館市出身なのですが、小さい頃、お正月料理のお膳に必ず置かれていました。

年末になると、クリスマスケーキ並みに、至る所で売られています。

北海道ではごく当たり前に売られているものなのですが、全国的には珍しいので、お正月のあいさつの手みやげとして持っていくと、とても喜ばれます。

北海道というと、どうしても新鮮な海産物を手みやげとして思い浮かべがちですが、海産物は現地で食べるのが一番。ここではあえて、北海道と聞いてすぐに想像しづらいものをチョイスすると意外性があって喜ばれます。

おせちをかたどった生菓子ですから、まず見た目で驚かれることが多いです。また鯛・えびなど、縁起ものをかたどって作られているので、興味を持ってくださる方が大半です。また、練りきりやようかんでできているのでおいしくてさらに喜ばれるという、一つで何役もこなしてくれます。

もともと北海道では鯛などが手に入りにくく、おせち料理にそれらを入れるには難しいものがありました。そこでようかんなどの材料を使って鯛やエビの口取り菓子を作り、お正月にお祝いするようになったのがはじまりだそうです。

ただし、お正月のあいさつ用なので、旧年中にお客様に不幸がないことを確認してから持って行くといいでしょう。「年賀状を送りたい」という名目で事前に連絡を取ってみると、不幸がなかったかどうかを確認できます。

持って行けないときは、「お正月にどうぞ」と言って年末に配送するのも手です。

吉田食品

住所	〒040-0024 北海道函館市高盛町 16-9
電話番号	0138-51-4210（FAX：0138-56-4345）
営業時間	9時～17時（土曜：10時～17時） （定休日：日曜日）
最寄駅	函館市電湯の川線「千歳町駅」徒歩10分／ 「昭和橋駅」徒歩13分
URL	http://o-kashi-yoshida.com/

TEMIYAGE

02

青森の手みやげを渡すとき

見た目にものどにもやさしい手みやげは「気づかいができる人」という印象を与える

私のおススメ

津軽飴《つがるあめ》

上ボシ武内製飴所

津軽飴《つがるあめ》は、青森県の津軽地方（青森県西部）で作られている水飴です。

だいたい、熱いうちに缶の中に流し込んで、そのまま冷ますという作り方なので、缶のふたをあけるといきなり水飴が入っています。これをスプーンや箸などですくって、食べ（舐め）ます。粘り気があって伸びるので、スパゲッティを食べる要領で、回しながらすくうとうまく取り出して食べられます。

故郷の北海道にもあって、よく祖母が「のどにいい」と言って、風邪気味でののどの調子がよくないときなどに食べさせてくれました。最近は、「のど飴」を常備したり、常に持ち歩いたりする人もいますが、これは昔から伝わるのど飴だと言えるでしょう。

他にも、青森では南部煎餅が有名で、青森県の南部地方（青森県東部）に昔から伝わっています。米で作る煎餅ではなく、小麦粉を薄く延ばして焼いたものです。

この南部煎餅に津軽飴を乗せて食べると大変おいしいのです。南部煎餅に津軽飴をはさんだものは「飴せん」などと呼ばれ、地元ではよく食べられています。

「のどの調子がよくない」というお客様や「人前でしゃべることが多いので、のどを大事にしている」というお客様に、この二つをセットで手みやげにして持って行くと喜ばれます。また、「青森特産」の手みやげということと、「お客様ののどに対する気づかい」の両方を相手に届けることができます。

歴史的にはよく「津軽藩と南部藩は仲が悪く、相いれない」などと言われますが、この津軽飴と南部煎餅はそんな歴史を覆すほど相性がいいものです。

上ボシ武内製飴所で南部煎餅を買うことはできませんが、ネットで探せば他店で購入することができます。

また、津軽飴の缶には、ねぶたなど、特徴的な絵柄が描かれているものもあります。

壺に入ったものもありますが、私のおすすめは断然、缶入り。青森に関わる絵が描かれているものもあり、話のネタにすることができます。手みやげ1つで、会話が弾むきっかけを作ることができるのです。

上ボシ武内製飴所

住所	〒030-0802 青森県青森市本町5-1-20
電話番号	017-734-1834（FAX：017-773-8026）
営業時間	8時〜17時／ネットでの注文は24時間 （定休日：土・日曜・祝祭日）
交通	青森自動車道「青森中央IC」より車で約11分青い森鉄道「青森駅」徒歩15分
URL	http://www.applet1181.jp/furusatobin/tugaru-ame/index.html

TEMIYAGE

03

秋田の手みやげを渡すとき

「チン」して食べるとおいしさ2倍 食べ方の工夫を添えると 心の距離が縮まる

私のおススメ

金萬《きんまん》

秋田のおみやげと言えばやはり「金萬《きんまん》」です。

まず、名前からして、縁起がいい。**富裕層はこういう縁起のいいものは、特に喜びます**。

形も丸くてかわいいですし、小判のような楕円形の真ん中に「金萬」という焼き印が1個1個押してあり、これまた縁起がよく感じます。

しかも、食べてみるとわかるのですが、やわらかくてほんわかしていて、おいしい。ただ、地元で食べる作りたてのおいしさに比べると、おみやげ用の真空パックのものは、どうしても味が落ちてしまいます。

ところが、これにも裏技があります。電子レンジで10秒から15秒程度温めると、まるでできたてのような温かさとふわふわ感がよみがえるのです。

こういった裏話は、手みやげを渡す際のプラスアルファとして打ってつけです。

「実は、地元の人に聞いた裏技がありまして、電子レンジで10秒から15秒くらい『チン』すると、とてもおいしくなるそうです」

こんなふうに言って渡すと、話のきっかけにもなりますし、単なる手みやげではなく、話に広がりを持たせてくれるアイテムになってくれます。

さらに、次のアポイントで訪問したときにも「『金萬』をレンジでチンしてみて、いかがでしたか」というように、話のきっかけにすることができます。

「やってみたら、おいしかったよ」という話をもらえれば、そこからさらに話を広げていきましょう。

「食パンなども同じようにチンすると、焼きたてのパンのようにふっくらしますよ」

そんなふうに、どんどん話を広げていくことで、心の距離も縮まり、お互いに打ち解けて、関係性が近い状態でビジネスの話ができるようになります。

「金萬」は値段もそれほど高くありません（10個入り630円、20個入り1260円／税込）それでいて効果抜群ですから、非常にコスト・パフォーマンスの高い手みやげだと思います。

金萬

住所	〒010-0001 秋田県秋田市中通 7-2-1 トピコ 2F 金萬トピコ店
電話番号	018-833-0620
営業時間	7時30分～20時（定休日：駅ビルの定休日に準ずる）
最寄駅	JR 各線「秋田駅」すぐ
URL	http://item.rakuten.co.jp/akitatokusan/10000036/

TEMIYAGE

04

山形の手みやげを渡すとき

商品や提案力に自信がないときは手みやげの「辛さ」で勝負する

私のおススメ

佐徳《さとく》
民田茄子《みんでんなす》からし漬け

自社の商品や提案力に自信が持てないときは、手みやげを持って行き、少しでも話を盛り上げるきっかけを作ることが大切です。そのためには、インパクトのある手みやげが欠かせません。

中でも、創業135年、山形県鶴岡《つるおか》市にある「佐徳《さとく》」という漬物屋さんの小茄子からし漬の辛さは、半端ではありません。非常にインパクトが強く、印象に残る手みやげです。

これは、山形県庄内地区特産の「民田茄子《みんでんなす》」という一口大の小さな茄子を、創業以来の製法でからし漬けにしてあります。

創業者の佐藤徳次郎さんが日本ではじめて加

工したことで知られていて、純からし粉だけの風味が食欲をそそります。

とにかく辛いので、お酒好きのお客様にはお勧めです。

また、「夏バテ気味で食欲が落ちているんだ」などと話すお客様がいたら、この小茄子からし漬けを手みやげに持っていって、「お茶漬けにして食べてみてください。辛いので食欲増進効果があると思います」などと言って、手渡しするといいでしょう。

辛いのが苦手という人には、「赤かぶ漬」という定番商品もあります。こちらは、からし漬けのようなインパクトはありませんが、正統派の甘酢漬けで、何にでも合うのが特徴です。

いずれも通信販売で買うことができますし、常温で60日持つため、まとめて買っておいて渡すこともできます。また、1つ500円（税抜）とリーズナブル。味のインパクトはありますがお財布にはやさしい手みやげと言えるでしょう。

佐徳

住所	〒997-0011 山形県鶴岡市宝田2-9-79
電話番号	0235-24-1180（FAX：0235-23-3564）
営業時間	24時間（ネットでの注文の場合）
交通	山形自動車道「鶴岡IC」より約10分
URL	http://www.satoku.jp/

TEMIYAGE

05

宮城の手みやげを渡すとき

「おみやげがパン」という意外性で相手の心をグッとつかむ商品のキャッチフレーズにも注目

私のおススメ

大石パン店

大石のクリームサンド

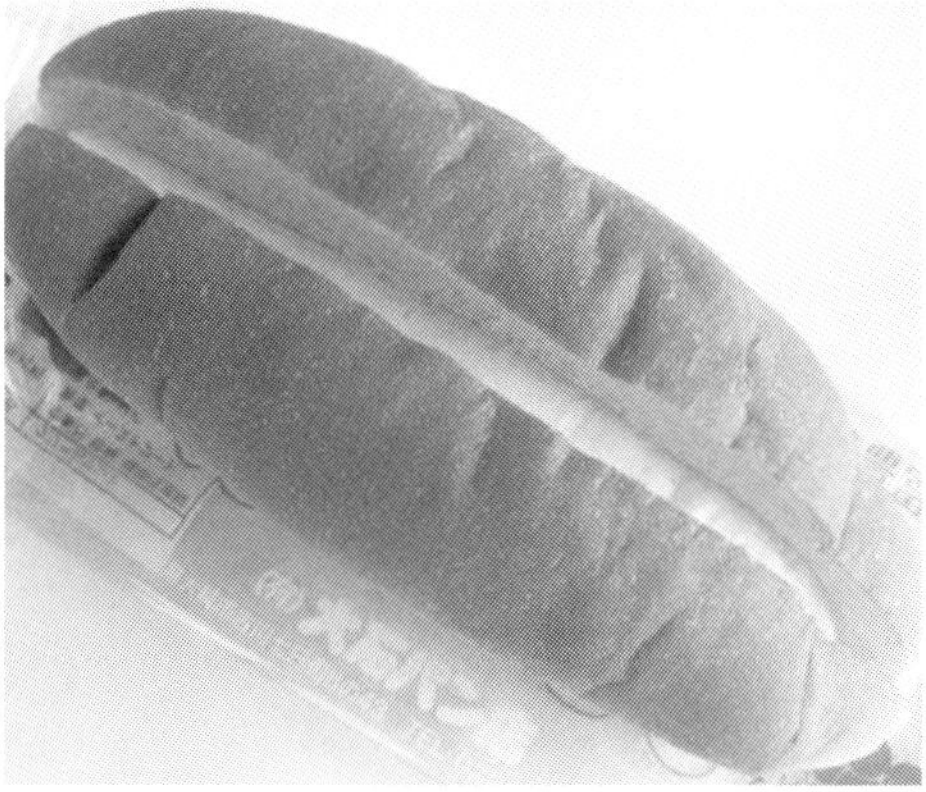

宮城のおみやげと言えば、牛タン、笹かまぼこ、萩の月などの定番もいいのですが、手みやげの重要な要素とも言える「話の広がり」という点では、みんなが知っているものではなく、渡した瞬間に「何だ、これは？」と思ってもらうものの方が私は効果が高いと思っています。

そこでお勧めなのが、この「クリームサンド」。コッペパンにクリームが入っているという、まさに懐かしの味そのものです。正直に申し上げて、高級感はみじんもありませんが、昭和の古き良き時代を彷彿とさせます。

おもしろいのは、パッケージの袋に「最高の

味　早い消化　栄養豊富」と印刷されているところです。この文言に最も反応したのは、お医者さんのお客様でした。「消化によくて栄養がある」という健康的なキャッチフレーズ（しかも、昭和の香りに満ちているところ）に、共感を覚えたようです。

甘いものが苦手な方向けには、宮城県古川市にある「松倉《まつくら》」という会社が作っている「パパ好み」がお勧めです。これは、あられと小魚とピーナッツをミックスした、お酒の肴。８袋入りが８４０円と、大変リーズナブルです。

パッケージには「ママも喜ぶ　パパ好み」などと書いてあり、お客様にとっては「何だ、これは？」となります。

要するに、酒好きのパパがいる家では、特に休みの日などは早い時間から飲みはじめるわけですが、そんなときにこの「パパ好み」があれば、ママはいちいちおつまみを作らずに済むというわけです。パパのおつまみを作らなくてすむ分、自分の時間に使えたり、夕食の支度に集中できたりということで「ママも喜ぶ」ということになるのです。こんなふうに話すと、お客様も笑いながら「なるほどね」となり、場がなごみます。

しかも、この「パパ好み」、昭和35年に発売されたという、超ロングセラー商品です。そんな話も手みやげの蘊蓄《うんちく》話として使えます。

富裕層は、高級なものには慣れてしまっています。むしろ、こうした懐かしい物の方が喜んでくれます。まさに、**手みやげが自ら語りかけてくれるのです。**

大石パン店

住所	〒989-6153 宮城県大崎市古川七日町8-43
電話番号	0229-22-0515
営業時間	7時30分～18時30分（定休日：日曜日）
最寄駅	JR各線「古川駅」徒歩10分

TEMIYAGE

06

栃木の手みやげを渡すとき

話が弾むきっかけづくりは「手みやげ」から
一風変わった商品は強い印象を残す

私のおススメ

元祖宇味家《うまいや》 総本店
フライ餃子

栃木県宇都宮市にある「元祖 宇味家《うまいや》」が販売している「フライ餃子」は、餃子を揚げているため、まるでカキフライのような見た目です。揚げたてのサクッとした食感と、中身から溢れ出すジューシーな肉汁がたまらない一品。具材はとことん国産にこだわっていて、クセになる味わいです。

宇都宮といえば「餃子」を連想する人は多いと思いますが、単に普通の餃子では、話のネタとしてはあまり強くありません。

そこで、この「フライ餃子」です。

調理はなんと、電子レンジで温めるだけ（フライパンでもできますが）。普通の餃子とは違って、ソースをかけて食べるとおいしく、子どもにも人気です。

インターネットで通信販売もしていますが、お店は栃木県にしかありません。実際に買いに行くとしたら、栃木でしか買えない希少品です。

「揚げ餃子ではないのか」と思うかもしれませんが、普通の揚げ餃子と比べて、衣の量とサクサク感がまったく違います。お店では、数量限定商品のため、あっという間に売り切れるという品。お客様との話のきっかけ作りとしても十分に役立ちます。

10個入り１０５０円１０５０円（税込）と、手みやげ品としては手が出しやすく、20個入りや30個入りも買うことができます。

元祖宇味家 総本店

住所	〒320-0012 栃木県宇都宮市山本 1-35-10
電話番号	028-621-1417（FAX：028-621-1415）
営業時間	11時～14時（定休日：月曜日、月曜日が祝日の場合は翌火曜日）
交通	東北自動車道「鹿沼 IC」より車で約 20 分
URL	http://www.umaiya.jp/

TEMIYAGE

07

群馬の手みやげを渡すとき

高い手みやげほど
商品開発ストーリーを話すと喜ばれる

私のおススメ

ふぁーいん てーぶる

こだわり卵

群馬の手みやげとしてぜひお勧めしたいのが、「ふぁーいん てーぶる」の「こだわり卵」です。20個入りで2000円という、卵としてはちょっと高級なものですが、その価格に見合う味と栄養価を備えています。通常の鶏卵と比べて、ビタミンDは約3倍、美肌や老化防止に効果があると言われるビタミンEは約30倍という栄養価です。

卵を割った瞬間に、他とは違うとわかります。まず色が違います。おそらくビタミンが豊富だからだと思いますが、黄身が黄色ではなく、オレンジ色なのです。さらに、黄身の盛り上がり方が普通とはまるで違います。球を半分に切ったと言ってもいいほどの盛り上がりです。

箸でつまんでも崩れません。黄身を箸でつまんで持ち上げることもできます。

その秘密は、エサ、鶏の若さ、そして鶏の育て方にあります。

エサは、ミネラル分たっぷりの天然由来の飼料を与えています。もちろん、合成飼料、合成着色料、抗生物質、抗菌剤などは一切与えていません。そして、通常の親鶏は生後150日~700日くらいまで卵を産みますが、「こだわり卵」の親鶏は200日から400日くらいの若くて元気な親の卵だけです。さらには、ウインドレス鶏舎で飼育しているので、外部からの菌やウイルス感染の心配がないうえ、季節による温度変化の影響も防ぐことができます。

こうした話を手みやげと一緒にすると、もらったお客様はとても喜ばれます。

とにかく、おいしさと健康を考えて作られた卵なので、健康を大事に考えているお客様にはもってこいの手みやげなのです。お客様は、「そうか。自分の健康のことをそんなに考えてくれるのか」と喜んでくれるのです。

手みやげそのものももちろんですが、こうした**「ストーリー」を手みやげ自身が語ってくれるわけです。**

この**「ストーリー」そのものが、お客様の楽しい時間を演出してくれるのです。**

ふぁーいん てーぶる

住所	〒373-0033 群馬県太田市西本町14-2
電話番号	0276-22-1337（FAX：0276-22-1339）
営業時間	10時～19時（定休日：年中無休）
最寄駅	東武伊勢崎線「太田駅」より車で3分
URL	http://www.fine-table.com

TEMIYAGE

08 新潟の手みやげを渡すとき

食べ方や楽しみ方を色々試せば 会話の幅も自然と広がる

私のおススメ

鮭の塩引

味匠《みしょう》 㐂川《きつかわ》

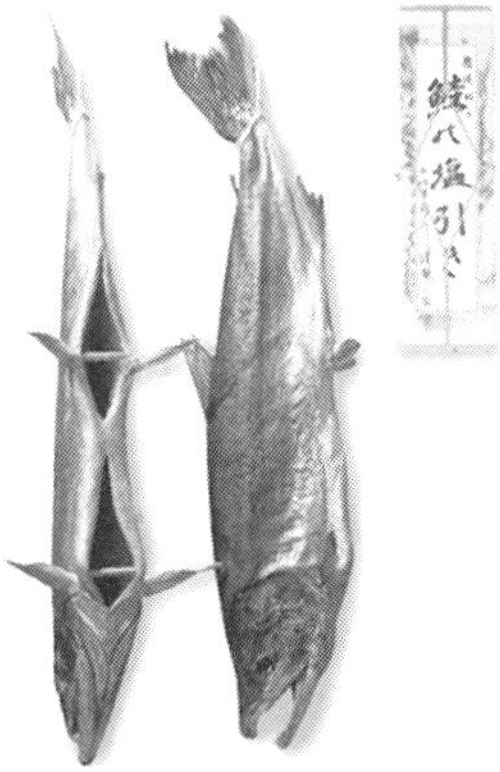

新潟県北部に村上市というところがあります。ここは、昔から「鮭の塩引《しおびき》」という塩漬けの鮭が有名です。

よくある新巻《あらまき》鮭は、鮭を箱に入れて、塩と一緒に冷凍庫へ入れて作ります。それに対して塩引鮭は、まず内臓を取り除き、満遍なく塩をすり込み、1週間ほどなじませます。その後、塩を洗い流して、1～2週間、寒風干しをして完成です。

中でも味匠㐂川のある村上市は、虚蔵山脈を北に持ち、日本海から3㎞内陸に位置しており、他の地域にはない発酵環境を有しています。北西の冷たい風が吹き出す11月になり、気温が10℃以下になると、壱川での仕込みが始まります。塩を鮭に練り込み、4～5日ほど塩漬けにした後、鮭専用のヘラを使って真水で洗い、その後北西の風にあてながら、3週間ほどじっくりと陰干しを行ないます。その過程で鮭が熟成し、他では真似のできない特別な旨みが出て来るのです。

また内臓を取り除くとき、鮭のお腹を二カ所割くというこだわりがあるそうです。写真を見るとわかりますが、お腹のちょうど真ん中あたりは、割けていないのです。これは、江戸時代、城下町だった村上で、鮭が切腹しているように見えるのを嫌ったからだと言われています。

こんな蘊蓄《うんちく》話をすると、特に富裕層の方は大変喜ばれます。

酒の肴にもピッタリですし、お茶漬けにしても合います。私のお勧めは、ほぐして茶碗に入れた焼き餅にかけ、お湯を入れて食べる食べ方です。

ふだんから色々な食べ方を試していると、それを相手にも伝えられますし、「食べ方」の話を通して相手の嗜好を知ることもできます。ただ手みやげを買って渡すだけでなく、自分で食べ方を色々と試してみたり、周りの友人などにも試してもらって反応を聞く。そうすることで自然と会話の幅を広げることができます。

味匠 㐂《きつ》川

住所	〒 958-0842 新潟県村上市大町 1-20
電話番号	0254-53-2213（FAX：0254-52-7436）
営業時間	9 時～ 18 時（定休日：元旦のみ）
交通	日本海東北自動車道「村上瀬波温泉 IC」自動車約 4 分
URL	http://www.murakamisake.com/

TEMIYAGE

09

長野の手みやげを渡すとき

同じ種類の手みやげでも
新しいものはより喜ばれる

私のおススメ

丸信農園
シナノスイート

「シナノスイート」とは、りんごの品種です。「ふじ」と「つがる」を交配させたもので、1996年に登録されました。量産されるようになったのも2002年頃からという、比較的新しい品種のりんごです。

手みやげと一緒に語るストーリーとして、こうした「新しさ」も効果があります。富裕層の中には、新しい情報が好きな人、新しい情報に飢えている人も少なくないのです。

さて、この「シナノスイート」ですが、名前のとおり、とにかく甘いのが特徴です。糖度を測定すると14～15％で、他のりんごと比べて特別、糖度が高いというわけではないのですが、酸味が弱いため、甘く感じるのだそうです。

果汁が多く、ジューシーで、貯蔵性も高いりんごです。

以前、りんご狩りをしたときにこのシナノスイートを食べたのですが、今まで食べたことのあるどのりんごよりも甘みがあり、それ以来、家族そろって行く機会が増えました。

品質が比較的均一で、いわゆる当たりはずれが少ないというのも、手みやげとしてはとてもありがたいところです。

シナノスイートの収穫時期は、10月中旬~11月上旬頃です。収穫時期は、天候によって左右されますので、購入される際は一度、丸信農園に問い合わせてみてください。

丸信農園

住所	〒 399-2221 長野県飯田市龍江 6739
電話番号	0265-27-3124（FAX：0265-27-3174）
営業時間	朝 7 時 30 分〜 18 時（定休日：火曜日）
交通	中央自動車道「飯田 IC」より車で 30 分
URL	http://www.mis.janis.or.jp/~marushin/

10

愛知の手みやげを渡すとき

ランチ前に差し入れすると喜ばれる「ふっくら」した食感が相手の胃袋をつかむ！

私のおススメ

元祖天むす 千寿《せんじゅ》
天むす

「名古屋で天むすなんて、それこそ定番じゃないか」と思うかもしれませんが、私がおすすめしたいのは、「千寿《せんじゅ》」というお店の天むすです。

非常に人気の高いお店なので、実際、営業用の手みやげとして買っていくビジネスマンも少なくありません。

お客様には「天むすはお店によって差が大きいのですが、この『千寿』というお店が一番です」と言って、渡します。

他のお店のものとは全然違うのですが、その一つが「握り方」。

丁寧に手で握っていて、その握り方が絶妙なのです。表はしっかりで、中はふっくら。まさに、理想的なおにぎり（おむすび）です。

さらに、人気があって商品の回転がいいからかと思いますが、天ぷらも揚げ加減が絶妙。日持ちしないのが唯一の難点ですが、その日のうちに持って行くことで、お客様の感動もひとしおです。ぜひ一度試してほしい手みやげです。

元祖天むす 千寿

住所	〒450-0002 愛知県名古屋市中村区名駅 1-2-2 近鉄名古屋駅地下改札口横（近鉄名古屋駅構内店）
電話番号	052-583-1064
営業時間	9時〜22時（商品無くなり次第閉店） （定休日：年中無休）
最寄駅	近鉄名古屋線「近鉄名古屋駅」地下改札前
URL	http://www.tenmusu.com/

11

味を長年追い求める姿勢が創業社長に響く

私のおススメ

神宗《かんそう》
塩昆布

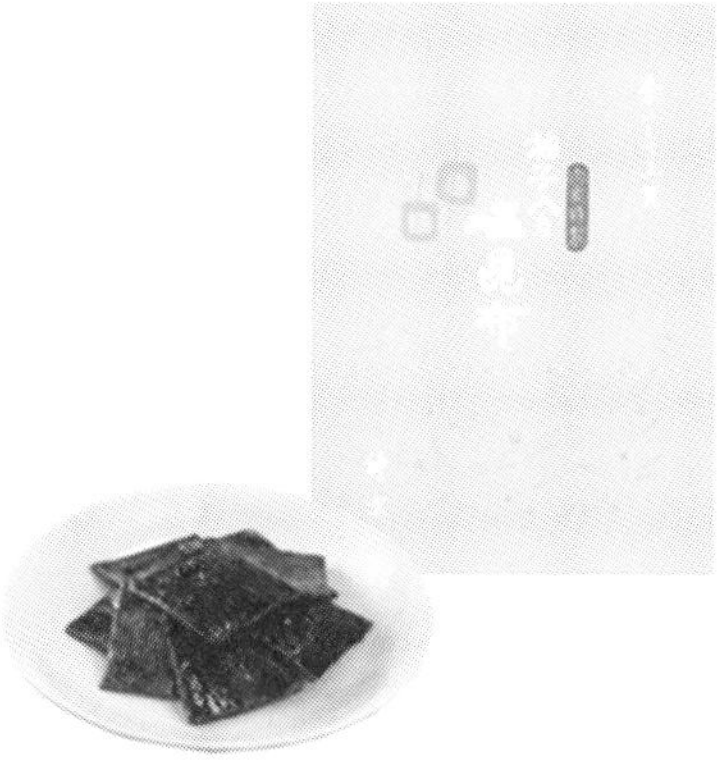

創業１７８１年という超老舗の「神宗《かんそう》」というお店の「塩昆布」です。

大阪で有名な手みやげは、豚まんやロールケーキなど、色々ありますが、今のところ、この「塩昆布」を手みやげに持って行って喜ばれなかったことはありません。そのくらい、自信を持ってお勧めできる手みやげです。

北海道白口浜産の天然真昆布の最もうま味のある肉厚の部分だけを使っており、山椒の香りと上品な甘さが天然素材の自然なうま味を引き出しています。

手みやげに添えるストーリーとしては、創業

1781年という、有無を言わさぬ超ウルトラ老舗ということ。そして、味つけは、その年の昆布の状態に合わせて店主自らが決めるなど、質の高さをとことん追求している部分でしょう。

富裕層、特に創業社長などは、会社の継続性（サステナビリティ）に敏感な人も多いので、この「創業1781年」というのは、相当響きます。ここを取っ掛かりに、話を広げていくこともできると思います。

さらに、次に会うときに「塩昆布のお茶漬け、いかがでしたか」などと、会話のネタにも使えて便利です。

写真の柚子入り塩昆布は130g1000円（税別）。他にも進物用の塩昆布もあります。老舗を感じさせる落ち着いたパッケージですので、歴史ある会社の社長などにもお勧めです。

神宗

住所	〒541-0043 大阪府大阪市中央区高麗橋 3-4-10 淀屋橋センタービル 1 階（淀屋橋店）
電話番号	06-6201-2700（FAX：06-4707-1317）
営業時間	平日：9 時 30 分～ 19 時／土曜日：9 時 30 分～ 16 時（定休日：日曜日・祝日）
最寄駅	地下鉄御堂筋線「淀屋橋駅」8 番出口徒歩 3 分／京阪電車「淀屋橋駅」13 番出口徒歩 5 分
URL	http://www.kansou.co.jp/

TEMIYAGE

12

広島の手みやげを渡すとき

「いつ食べても変わらぬ味」「できたて」が相手を安心させる

私のおススメ

長崎堂
バターケーキ

広島の手みやげでお勧めしたいのは、長崎堂のバターケーキです。

戦後、長崎出身でカステラ職人だった創業者が、原爆の焼跡にあったバラック小屋でカステラを売り始めたのが始まりだそうです。原爆被災地というつながりもあったのかもしれません。

その後、カステラをアレンジして、さらにおいしくて滋養効果もあるというバターを入れ込んだバターケーキを開発して売り始めたところ、おいしいと評判が広がり、店に行列ができるようになったそうです。

40年間同じ材料で作り続けていることもあっ

て、いつ食べても変わらぬ味を味わうことができます。

とにかくおいしくて、素朴ななつかしい味がするので、広島出身の方もそうでない方も大変喜ばれます。

ただ、売り切れ次第販売終了となるのが気をつけたいところ。営業時間は9時〜15時30分ですが、午前中で売り切れることもあり、できたてを買う場合には注意が必要です。ネットでも購入できますが、できたてならではのしっとり感を味わうのでしたら、ぜひ一度、現地でできたてを味わっていただきたいと思います。

もしお酒が好きな方や、甘いものが苦手な方であれば、「せんじ肉（せんじがら）」もお勧めです。「せんじ肉」とは、豚（牛や馬もあるようですが）のホルモンを揚げて干したものに、塩で味付けしたものです。戦後、広島市西区にある食堂で、当時あまり一般的でなかった豚のホルモンを加工し、販売したことがはじまりとも言われています。

驚くのは、その「硬さ」です。とにかく硬いです。でも、噛めば噛むほどどんどん味が出てきて、おいしくなります。歯の弱い方は避けた方がいいかもしれませんが、この歯ごたえはクセになります。

この硬さだけでも、次に会ったときの話題にすることができます。

せんじ肉は、様々な会社がネットで販売していますので、広島以外でも購入することができます。

長崎堂

住所	〒730-0037 広島県広島市中区中町 3-24
電話番号	082-247-0769（FAX：082-247-2618）
営業時間	9時～15時30分（定休日：日曜日・祝日）
最寄駅	広島電鉄市内電車「八丁堀電停」徒歩6分
URL	http://nagasakido.net/

TEMIYAGE

13

福岡の手みやげを渡すとき

「手を汚さず食べられる」手みやげは特に女性に喜ばれる

私のおススメ

稚加榮《ちかえ》　辛子明太子　つぶ出し

博多の料亭「稚加榮《ちかえ》」の「辛子明太子　つぶ出し」は、なんとチューブ入りの辛子明太子です。明太子の粒だけをチューブに詰めてあるため、切ったり、ほぐしたりといった手間がいりません。手を汚さなくて済むということもあって、特に料理をする女性に大変人気があります。

実はチューブ入りの明太子というのは何種類もあります。私も色々と試してみたのですが、この「稚加榮」の「辛子明太子　つぶ出し」が一番おいしかったので、福岡に行ったときの手みやげとして持っていくことが多くなりました。

まず、「へえ、こんな明太子があるんだ」と驚かれます。

そして「朝ごはんにいいですよ。手も汚れませんし」と紹介すると、また「なるほど」と言われます。明太子の水分が多くなりすぎないように調整されているので、ほかほかのご飯にも合いますし、おにぎりの具材としても使えます。ちなみに「唐辛子抜きお子様めんたいこ」という商品もあるので、小さいお子さんやお孫さんのいらっしゃるお客様には、こちらもお勧めです。

稚加榮

住所	〒810-0041 福岡県福岡市中央区大名 2-2-19
電話番号	0120-174-487（FAX：0120-745-945）
営業時間	月曜～土曜：8時30分～21時／日曜・祝日：9時～21時
最寄駅	福岡市地下鉄空港線「赤坂駅」4番出口徒歩5分
URL	http://www.chikae.co.jp/shop/

TEMIYAGE

14

宮崎の手みやげを渡すとき

1枚２５００円の牛肉が「大切なあなたといい関係を築きたい」というメッセージを語ってくれる

私のおススメ

肉の王道
エモー牛

「エモー牛」とは、宮崎県西都市にある有田牧畜産業という会社がブランド化した牛肉（黒毛和牛）です。「エモー」は「Earth Medicine 0《ゼロ》」を略した「ＥＭＯ」で、「大地に薬はゼロを目指す」という信念を表してます。その信念のとおり、餌にも、水にも、牛自体にも、薬品や抗生物質をまったく使用していません。

牛自体に使わないというのは比較的やりやすいわけですが、餌にまでこだわるとなると、なかなか大変です。飼料の出どころから、農薬まで含めて「薬品が使われていないか」をチェックする体制が必要になります。ＥＭＯ牛の繁殖・肥育を行う有田牧畜産業では、厳選した穀物と自家栽培の牧草だけを自家配合し、その餌のみを与えているという徹底ぶりです。

自然農法で育てた薬剤ゼロの牛で、味も抜群。黒毛和牛というそもそも高級品なのに加え、手間暇かけたこだわりの牛肉なのです。

ＥＭＯ牛の「極上サーロインステーキ」は１８０g４枚入りで１万５００円（税込）と高価格ですが、手間暇かけて育てられた牛肉なので、それを差し上げることによって、「お客様を大切にしたい」という姿勢を伝えることができます。これは手みやげとしては、お客様にとてもわかりやすいメッセージなのではないでしょうか。

少し値は張りますが、ここぞというときにぜひ贈ってみることをお勧めします。

肉の王道

住所	〒107-0062 東京都 東京都港区南青山 3-18-11 ヴァンセットビル 3 F
電話番号	03-5775-2604
営業時間	平日 9 時〜 18 時（ネットでの販売のみ）
URL	http://meat.oudou.jp/

TEMIYAGE

15

沖縄の手みやげを渡すとき

沖縄の手みやげは、あえて定番ではなく「生」のものを持参すると喜ばれる

私のおススメ

銀座わしたショップ
生シークヮーサー 島とうがらし

沖縄には、「ちんすこう」とか「黒糖」などなど、有名なおみやげものがたくさんありますが、あえてそういった定番品ではなく、「生」の農産物を渡すと、けっこう喜ばれます。

「生シークヮーサー」は、すだちに似ていて、使い道もすだちと同様、魚に絞ったり、焼酎やサワーなどに絞って入れたりします。

ただ、シークヮーサーは、収穫時期によって色と用途が異なります。8～9月に出荷される「青切り物」は酢の物などに使われます。10～12月中旬までは、ジュースや酎ハイに使われ、12月下旬から2月末くらいまでは、オレンジ色に熟したものが「生食用」として出回ります。

「島とうがらし」は、見た目は赤く、かわいらしい感じなのですが、ものすごい辛さです。そのまま食べるというよりは、酢やしょうゆに入れて、刺身につけて食べるといった使い方がお勧めです。

他にぜひお勧めしたいのが、「スナックパイン」です。スナックパインはビタミンやミネラルを豊富に含み、疲労回復や老化防止に効果があるとも言われています。通常、包丁で切って食べるパイナップルと異なり、スナックパインは手でちぎって食べられて、芯までおいしいという不思議なパイナップル。10年ほど前から広く出回るようになったようです。ただ、収穫時期が4～8月頃なので、買えるシーズンが限られているので注意が必要です。

これらは、手みやげとして「珍しい」ということで話題を作れます。沖縄県のアンテナショップなどでも売っているので、現地に行かなくても買うことができます。

銀座わしたショップ

住所　〒104-0061
東京都中央区銀座1-3-9
マルイト銀座ビル1F・B1F

電話番号　03-3535-6991（FAX：03-3535-6993）

営業時間　10時30分〜20時（定休日：年始を除く）

最寄駅　JR各線「有楽町駅」京橋口改札徒歩4分／東京メトロ有楽町線「銀座1丁目駅」3番出口すぐ／各線「銀座駅」徒歩7分

URL　http://www.washita.co.jp/

しかし、この旅館のご主人は、子どもの病気が原因で直前キャンセルした家族へのお見舞い品の送付とキャンセル料サービスをやめませんでした。それどころか、明確な理由があれば、それ以外のお客様にも同様のことをなさったそうです。

すると、不思議なことに、お見舞い品を受け取ったお客様が、もう一度予約を入れ、泊まってくれるようになったと言います。そのリピート率は、実に、100%。年に必ず何度も泊まりに来るという大ファンまでいらっしゃると言います。実質100%を超えると言ってもいいでしょう。

もしこの旅館のご主人が、目先の利益だけを追いかけて、こうした気づかいをしていなかったら、どうなっていたでしょうか。少なくとも、「リピート率100%」という結果は出せなかったのではないでしょうか。

目先の利益だけを追いかけるのではなく、いかにお客様目線での気づかいができるか。ビジネスが本当の意味で大きくなるかならないかの境目は、こうしたところにあるのだろうと思います。

COLUMN 5 大きな仕事をする人ほど目先の利益より相手の立場を優先する

これはある人から聞いた某旅館の話です。

通常、旅行業界、ホテル業界などでは、予約を直前でキャンセルされるお客様には、キャンセル料を請求するのが一般的です。その旅館のお客様は家族での利用が多いのですが、小さい子どもはどうしても病気になりやすいため、やむなく前日、もしくは当日キャンセルをするお客様が少なからずいらっしゃったそうです。

ところがその旅館のご主人は、きちんとした断りの連絡をしてくれたお客様に対しては、キャンセル料を請求しないどころか、「お子様の早期のご回復をお祈りいたします」といった手紙を添えて、お見舞いの品を送っていたそうです。

目先の利益だけを考えれば、キャンセル料をもらう方がいいに決まっています。直前のキャンセルは空室を作ってしまい、宿泊料はゼロになるわけですから、お見舞いの手紙や品物を送ると、二重の損失と考えても不思議ではありません。

おわりに

ここまで、私自身が数千万円から億単位の取引にまでつながった「手みやげ」を紹介してきましたが、いかがだったでしょうか。

「手みやげ」だけで取引に至ったわけではありませんが、少なくとも私とお客様の間に立ちはだかる「心の壁」を取り去ることに、「手みやげ」が大いに貢献してくれたことは間違いありません。

私自身、手みやげをもらうことによってその力を実感する出来事がありました。

私は大学卒業後、山一証券という証券会社に勤務していました。ご存じない方もいらっしゃるかもしれませんが、当時「日本の四大証券」の一つと言われていたこの山一証券は、１９９７年に突如破綻し、自主廃業してしまいました。

お客様に「お金は全額保証されます」とアナウンスしてはいたのですが、「廃業」というインパクトが世間に与えた影響はことのほか大きく、各支店にお客様が大挙して押し寄せました。怒号が飛び交う支店の中はパニック状態。窓口担当の女性たちは泣き出してしまうほどでした。

窓口担当の女性では対応が難しくなり、私たち営業担当がお客様対応に追われることになるのですが、支店内の混乱はますます激しくなるばかりで、私たちの疲労もピークに達していました。

ところが、険しい顔で列に並ぶお客様の中に一人、笑顔の方がいらっしゃいました。当時、よくランチでお世話になっていた中華屋の女将さんです。

女将さんは、当時支店の課長という、責任ある立場にあった私に会うためだけに、取り付け騒ぎ同然の山一証券の支店にやってきて、怒号が飛び交う列に黙って並び、自分の順番が来るのを待ってくださっていたのです。

午後の2時過ぎぐらいだったかと思います。女将さんは自分の順番になると私を呼び出して、こうおっしゃいました。

「どうせお客さんの対応に追われて、お昼も食べていないんでしょ。これ持ってきたから、合間を見て、口に入れなさい」

そして私にビニール袋の包みを手渡し、すぐに帰って行ってしまいました。包みからは、開けなくてもわかるほどいい香りが漂っています。

餃子です。お客様対応で昼食どころではないだろうと見越した女将さんが、わざわざ作って持ってきてくださったのです。その気持ちがうれしくて、うれしくて、私はこの餃子を、部下と泣きながら口にしました。

その後も何人か、担当させていただいたお客様がいらっしゃいましたが、みなさん、会社の破綻に対する文句を一つも言わず、それどころか、缶コーヒーやお菓子を持ってきてくださり、励ましてくださったのです。

ＩＴ技術の発達もあり、最近はコミュニケーションをすべてメールで済ませる人が増えています。同じ部署の同僚と会話するのもメール、ということも、けっして極端な例ではありません。

もちろん、メールは便利なツールですし、私も利用しているものですが、どうしてもメールの文面だけでは伝わらないものがあるのも事実です。

「気持ち」「想い」「気づかい」といった、心にあるものをメールで伝えるのは至難の業です。やはり、そうしたことは面と向かって、直接、相手に伝えた方が圧倒的に伝わりやすいのです。**気持ちは、会って直接伝えるもの。そのときに「手みやげ」を活用すると、さらに伝わりやすくなるのです。**

私は、**手みやげは心と心の接着剤だと思っています**。心だけではなかなかくっつかないところに、手みやげという接着剤を使うことでうまくくっついてくれるケースが非常に多いのです。

手みやげをもらって嫌な人はいません。それだけでなく、そこに何か一つ、相手への気づかいが感じられるものがあることで、その手みやげは単なる「もの」から「心の接着剤」へと変わります。適当に選んで買ってきたのではなく、「あなたのことを考えると、この手みやげがベスト。なぜかと言うと……」という話につながっていくことで、心と心がくっつくようになるのです。

本書で紹介した手みやげは、私自身が実際に使用して効果のあったものばかりです。きっとあなたにとっても、有効なツールとなることでしょう。

あなたが手みやげによって、大事な人とすばらしいコミュニケーションが取れるようになることを願ってやみません。

越石一彦

越石一彦 Kazuhiko Koshiishi

株式会社クライアントサイド・コンサルティング代表取締役
1965年北海道函館市生まれ。函館大学卒業後、山一證券株式会社へ入社。営業として、富裕層のお客様の資産運用に携わる。1日100軒以上の飛び込み営業をする中で、初対面の人や関係が希薄な人に気持ちを伝えるには「心の壁」を取り払う必要があると感じるようになる。様々な「気づかい」を行なった結果、「手みやげ」こそ相手の心の壁を低くしてくれる最良のツールだと確信。様々な手みやげを通して、お客様との関係性を深める。その後、年1回、取引金額の最も高い営業に贈られる「社長賞」を2度受賞。当時史上最年少の31歳で池袋支店のライン課長に就任する。1997年、会社廃業に伴い、メリルリンチ日本証券株式会社に移籍。池袋支店において、ファイナンシャル・コンサルタントとしてトップの成績を挙げる。2001年、独立し、株式会社クライアントサイド・コンサルティングを設立。ブレーンネットワークを駆使した経営コンサルティング会社として、企業経営者より絶大な信頼を得る。これまでに250社以上の企業の顧問を引き受けている他、上場企業や公共団体等からの講演依頼、トップセールスマン研修、管理職研修などの依頼を受けている。累計受講生は3万人以上。「明日から行動が変わる実践型の研修」として各企業・公共団体等に好評を得ている。証券会社のトッププレイヤーだった時代を含め、食通の多い経営者とのお付き合いも多く、これまでに持参した手みやげは1000以上。「ビジネスに効く」手みやげについて一家言を持つ“必殺手みやげ人”。

◆株式会社クライアントサイド・コンサルティング　ホームページ
www.client-side.com/

100億円を引きよせる手みやげ

2014年3月4日　初版発行

著　者　越石一彦
発行者　野村直克
発行所　総合法令出版株式会社
〒107-0052　東京都港区赤坂1-9-15 日本自転車会館2号館7階
電話　03-3584-9821（代）
振替　00140-0-69059

印刷・製本　中央精版印刷株式会社

落丁・乱丁本はお取替えいたします。

ISBN 978-4-86280-397-9

総合法令出版ホームページ　http://www.horei.com/